Lebenslanges Lernen zwischen Notwendigkeit und Chance

Das Ende der Gestaltungsfreiheit
individueller Lebensführung?

André Kukuk

 tredition®
www.tredition.de

Bibliografische Information der Deutschen Nationalbibliothek
Die Deutsche Nationalbibliothek verzeichnet diese Publikation in der Deutschen Nationalbibliografie; detaillierte bibliografische Daten sind im Internet über http://dnb.d-nb.de abrufbar.

ISBN: 978-3-8495-4335-8
Printed in Germany

© 2013 André Kukuk
Verlag: tredition GmbH, Hamburg
Lektorat, Korrektorat: Katharina Kukuk
Umschlaggestaltung, Illustration: André Kukuk
Coverbild: © Andrey Kuzmin- www.fotolia.de
Satz/Layout: André Kukuk
www.andrekukuk.de

Das Werk, einschließlich seiner Teile, ist urheberrechtlich geschützt. Jede Verwertung ist ohne Zustimmung des Verlages und des Autors unzulässig. Dies gilt insbesondere für die elektronische oder sonstige Vervielfältigung, Übersetzung, Verbreitung und öffentliche Zugänglichmachung.

Inhaltsverzeichnis

Vorwort _____ 7

Chancen und Risiken lebenslangen Lernens in der betrieblichen Weiterbildung _____ 9

1 Einleitung _____ 11

2 Betriebliches Bildungsmanagement zwischen betrieblicher und pädagogischer Handlungslogik 14

   2.1 Wechselwirkungen zwischen Ökonomie und Bildung _____ 16

   2.2 Wechselwirkungen zwischen betrieblicher Qualifikation und individueller Kompetenzentwicklung _____ 20

   2.3 Konflikte zwischen betrieblicher und pädagogischer Handlungslogik _____ 24

   2.4 Aktuelle Tendenzen die Wechselbeziehung betrieblicher und pädagogischer Handlungslogiken zu berücksichtigen _____ 28

3 Lebenslanges Lernen _____ 33

   3.1 Definition und Historie _____ 33

   3.2 Chancen des lebenslangen Lernens _____ 40

   3.3 Risiken des lebenslangen Lernens _____ 45

4 Fazit _____ 51

Lebenslanges Lernen und die Erosion der Normalbiographie ___ *55*

1 Einleitung ___ *57*

2 Lebenslanges Lernen ___ *59*

2.1 Lebenslanges Lernen aus bildungspolitischer Perspektive ___ 63
2.1.1 Die Veränderung der Arbeit ___ 66
2.1.2 Die neue Funktion der Ressource Wissen ___ 68
2.1.3 Die Dysfunktionalität klassischer Bildungsorganisation ___ 69
2.1.4 Die Wissensgesellschaft und der Trend zur Individualisierung ___ 70

2.2 Lebenslanges Lernen als biographischer Bildungsprozess ___ 72
2.2.1 Prozesse der Selbst-Bildung ___ 73
2.2.2 Soziale Kontextualität biographischen Lernens ___ 75
2.2.3 Individualität biographischen Lernens ___ 76

2.3 „Curriculares" und „lebensgeschichtliches" Lernen ___ 77

3 Die Normalbiographie ___ *80*

3.1 Die Normalbiographie als Lebenslauf- und Biographiemuster ___ 82

3.2 Die De-Institutionalisierung des Lebenslauf und die Erosion der Normalbiographie ___ 85

4 Bildung und Lernen im Lebenslauf ___ *87*

5 Fazit ___ *90*

Literaturverzeichnis ___ *94*

Vorwort

Das Phänomen des lebenslangen Lernens bestimmt seit mehreren Jahrzehnten die Diskussion um die zwingende Notwendigkeit aus bildungspolitischer wie auch aus ökonomischer Perspektive den modernen Herausforderungen in Gestalt einer zunehmenden Globalisierung und eines allgemeinen Wandels zur Wissensgesellschaft begegnen zu müssen. In allen Lebensphasen und Lebensbereichen wird Lernen zur Obligation um die eigene Verwertbarkeit aufrechtzuerhalten und nach Möglichkeit noch zu verbessern. Gefühlt stoßen jedoch zahlreiche Arbeitnehmer bereits seit langem in Bezug auf Lernbereitschaft und Lernaufwand an die Grenzen des zeitlich und emotional Machbaren, ohne dass negative Aspekte dieser Entwicklung ausreichend kritisch hinterfragt werden. Nach wie vor dominieren zumeist ökonomische Interessen pädagogische Konzepte der Wissensvermittlung, deren oftmals konträre Handlungslogiken in erster Linie auf dem Rücken der Arbeitnehmer ausgetragen werden. Betriebliche Zeitordnungen und pädagogische Zeitmuster differieren in der Regel erheblich und führen nur selten zu einer lerngerechten Atmosphäre und einem entspannten Arbeitsumfeld. Zunehmend werden Arbeitnehmer in allen Lebensphasen und Lebensbereichen – auch in ihrer Freizeit – durch mehr oder weniger freiwillige Fortbildungsmaßnahmen gefordert die eigene Leistungsfähigkeit und den eigenen Marktwert zu erhöhen.

Diese Art der mehr oder weniger fremdbestimmten Verpflichtung zur Weiterbildung schränkt nicht nur die grundsätzliche Gestaltungsfreiheit des Individuums erheblich ein, sondern verändert seit Jahren auch den Lebensverlauf des durchschnittlichen Arbeitnehmers nachhaltig. Heutzutage kann nicht mehr von einer strikten Trennung zwischen Ausbildung – Erwerbsleben – Ruhestand ausgegangen werden, da das Konzept des lebenslangen Lernens omnipräsent einzelne Teilbereiche des Lebenslaufs zu überdecken und zu verwischen scheint.

Vor diesem Hintergrund werden im Folgenden zwei Arbeiten vorgestellt, von denen sich die erste mit der Problematik verschiedener innerbetrieblicher Handlungslogiken und den damit verbundenen Chancen und Risiken lebenslangen Lernens beschäftigt, während sich die zweite mit der Erosion des Normalarbeitsverhältnisses auseinandersetzt, die möglicherweise durch das Konzept des lebenslangen Lernens ausgelöst oder zumindest begünstigt worden ist.

Teil I

Chancen und Risiken lebenslangen Lernens in der betrieblichen Weiterbildung

1 Einleitung

Lebenslanges Lernen allgemein und betriebliche Weiterbildung im Besonderen haben in den letzten Jahren aufgrund der sich wandelnden Arbeitsanforderungen zunehmend an Bedeutung gewonnen (vgl. Backes-Gellner 2009, S. 65). Auf wirtschaftlicher wie auch gesellschaftlicher Strukturebene erzeugen immer raschere Veränderungsprozesse neue wie auch höhere Qualifikations- und Kompetenzanforderungen, die weltweit die Unternehmen an sich wie auch den einzelnen Mitarbeiter immer wieder vor enorme Herausforderungen stellen.

„Kontinuierliches Lernen" und damit lebenslanges Lernen soll seit einigen Jahren diesen anhaltenden Strukturwandel „bewältigen, nutzen und gestalten" (Forum Bildung 2001, S. 1) und gilt damit zugleich nicht nur als Lösung für die durch den ökonomischen und gesellschaftlichen Wandel provozierten Aufgabenstellungen, sondern wird auch gleichzeitig dazu herangezogen ein spezifisches Grundproblem des betrieblichen Bildungsmanagements zu lösen; den Konflikt um die „Konvergenz oder Divergenz ökonomischer und pädagogischer Prinzipien betrieblicher Bildungsbemühungen" (Heid/Harteis 2010, S. 467). Immer häufiger stehen sich innerhalb der betrieblichen Aus- und Weiterbildung ökonomische und pädagogische Zielsetzungen gegenüber, deren jeweilige - teils konträre - Handlungslogiken nicht nur durch gegenseitige

Abhängigkeiten, sondern vor allem durch ein erhebliches Konfliktpotenzial gekennzeichnet sind.

Dieses Konfliktpotenzial soll im Folgenden am Beispiel der Gegensätzlichkeit „ökonomischer Zeitordnungen und pädagogischer Zeitmuster" (Schmidt-Lauff 2010, S. 355) verdeutlicht werden. Betriebliche Bildungsmaßnahmen werden immer noch in erster Linie unter der Prämisse einer zukünftigen Verwertbarkeit geplant und durchgeführt, ohne jedoch gleichzeitig individuelle Lerngewohnheiten und eventuelle Transferzeiten der Lernenden zu berücksichtigen. Allzu oft stehen unternehmerische Zielvorgaben individuellen, nichtplanbaren Lernprozessen gegenüber, deren Erfolg oder Misserfolg oftmals über Karrierechancen oder monetäre Vergütung entscheidet. Folgerichtig wird auch hier seit einiger Zeit versucht diesen Konflikt durch eine „im lebenslangen Lernen angelegte Entgrenzung von Lernzeiten" aufzulösen und eine „Entzerrung von Bildungsprozessen im Lebenslauf" (ebd., S. 356) zu bewirken.

Allerdings wird das Konzept des lebenslangen Lernens innerhalb des erziehungswissenschaftlichen Diskurses nicht ausschließlich positiv bewertet. Auch wenn es auf der einen Seite im Sinne des klassischen Bildungsansatzes zum „Träger von Entfaltungs-, Entwicklungs- und Steigerungsperspektiven" und vor allem emanzipatorisch als „Befreiung der Individuen aus traditionalen Verhaftungen" (Kade/Seitter 1998, S. 2) verstanden wird, ist auf der anderen Seite eine Deutung „aus einer distanziert-ablehnenden Perspektive heraus, die lebenslanges Lernen als „Obligation, als gesellschaftliche[n] Zwang und soziale Zumutung deutet" (vgl. ebd., S. 2), ebenso möglich. Leider wird diese Kontroverse über die Ambivalenz zwischen Emanzipation und Obligation lebenslangen Lernens durch den metaphorischen Charakter des Begriffs selbst nicht gerade erleichtert, sondern vielmehr erschwert. Indem die „vordergründige Eindeutigkeit des Begriffs [...] die Illusion der begrifflichen Klarheit [schafft], ohne diese tatsächlich einzulösen" (Schiersmann, 2007, S. 70), wird sozusagen das implizite Versprechen suggeriert, „durch lebenslanges Lernen den Risiken der Moderne [tatsächlich ausnahmslos] begegnen zu können und eine Strategie zum Umgang mit Unsicherheit zu besitzen" (ebd., S. 71).

Indirekt scheint damit der Begriff selbst bereits die Frage zu beantworten, ob lebenslanges Lernen nun tatsächlich das *„Allheilmittel* (Hervorhebung A.K.) für die Risikolagen der gesamtgesellschaftlichen Situation" (ebd., S. 71) oder der „Schlüssel zur Vermeidung von Problemen wie zur Nutzung der Chancen, die sich aus dem [gesellschaftlichen und ökonomischen] Wandel ergeben" (Forum Bildung 2001, S. 1) sein kann oder nicht.

Bezogen auf die betriebliche Weiterbildung sollen vor diesem Hintergrund zunächst die Konvergenzen und Divergenzen zwischen Ökonomie und

Bildung im Allgemeinen und betrieblicher und pädagogischer Handlungslogiken im Speziellen beschrieben werden, um über das gegenseitige Abhängigkeitsverhältnis einen Teil der entstehenden Konfliktpotenziale aufzeigen zu können, für die das Konzept des lebenslangen Lernens als Lösungsmöglichkeit angepriesen wird. Basierend auf diesen Grundlagen erfolgt im Anschluss eine Analyse der Chancen und Risiken lebenslangen Lernens, um in der Folge bewerten zu können inwieweit sich das Konzept des lebenslangen Lernens tatsächlich als Strategie eignet Problemlagen des betrieblichen Bildungsmanagements zu überwinden.

2 Betriebliches Bildungsmanagement zwischen betrieblicher und pädagogischer Handlungslogik

Im Rahmen des betrieblichen Bildungsmanagements basieren Entscheidungen und Unternehmensvorgaben häufig auf einem Wechselspiel betrieblicher und pädagogischer Handlungslogiken. Nicht selten steht hierbei die rein ökonomische Zweckorientierung eines nach Gewinnmaximierung strebenden Unternehmens in eklatantem Widerspruch zu dem Wunsch des einzelnen Mitarbeiters nach individueller Entwicklung (vgl. Dehnbostel 2010, S. 3f). Wirtschaftliche Interessen konkurrieren oftmals mit pädagogischen Prinzipien, besonders im Hinblick auf deren Zielsetzung. Eine Bestimmung der Begriffe Qualifikation und Kompetenz(entwicklung) bietet hierfür erste Anhaltspunkte. Zielt die betriebliche Handlungslogik in der Regel ausschließlich auf die sachliche Qualifizierung von Mitarbeitern und damit auf deren Verwertbarkeit innerhalb des Unternehmens ab, konzentriert sich die pädagogische Handlungslogik hingegen auf eine individuelle Kompetenzentwicklung der Mitarbeiter, die vor dem Hintergrund eines ganzheitlichen Kompetenzbegriffs somit nicht nur die Vermittlung unternehmensspezifischer Kenntnisse und Fertigkeiten einschließt, sondern sich darüber hinaus auch auf den Erwerb von Werten und Einstellungen erstreckt, deren Entwicklung und Verwendung sich auf die gesamte Lebensspanne des Individuums beziehen (vgl. ebd., S.16f).

Jedoch beschränkt sich das Verhältnis betrieblicher und pädagogischer Handlungslogiken nicht ausschließlich auf Widersprüche und Gegensätzlichkeiten. So zeigen eine Reihe von Wechselwirkungen zwischen Ökonomie und Bildung im Allgemeinen und betrieblicher Qualifikation und individueller Kompetenzentwicklung im Speziellen (vgl. Heid/Harteis 2010, S. 468ff) zunächst einmal die Existenz einer Vielzahl an gegenseitigen Abhängigkeiten.

2.1 Wechselwirkungen zwischen Ökonomie und Bildung

Um auf wirtschaftlicher Ebene erfolgsorientiert und nachfolgend auch erfolgreich handeln zu können, bedarf es einer Unmenge an „vieldimensionale[n] Entscheidungs- und Handlungsprozessen" (Heid/Harteis 2010, S. 468), deren Qualität maßgeblich durch die Kompetenz der Handelnden beeinflusst und bestimmt wird. Ein „Erfolg ökonomischen Handelns" ist in erster Linie von der „Qualifizierung ökonomisch Handelnder" (ebd., S. 468) abhängig, deren Qualität wiederum durch die Güte des Bildungssystems beeinflusst wird, innerhalb dessen diese Qualifikationen erworben wurden. Folgerichtig benennen Heid und Harteis „Bildung, Qualifizierung [und] Kompetenz" als die „notwendige Voraussetzung erfolgreichen Wirtschaftens" (2010, S. 468).

Betrachtet man dieses Abhängigkeitsverhältnis nun nicht mehr aus ökonomischer, sondern aus pädagogischer Sicht, muss umgekehrt konstatiert werden, dass auch „eine erfolgsorientierte Bildung oder Qualifizierung [...] d[er] Anwendung des ökonomischen Prinzips [bedarf]" (ebd., S. 468), um Bildungs- und Qualifizierungsprozesse bedarfsgerecht und vor allem Kosten sparend durchführen zu können. Auch Bildung, Qualifizierung und Kompetenz(entwicklung) können als knappe Güter, als das „Gut„ Bildung bezeichnet werden, zu deren Produktion in Zeiten sinkenden Wirtschaftswachstums und schrumpfender Bildungsbudgets nicht mehr auf die „Anwendung des Wirtschaftlichkeits- bzw. Sparprinzips" (ebd., S. 468) verzichtet werden kann.

Jedoch bleiben „Bildung, Qualifikation und Kompetenz [...] nicht nur Ergebnisse eines Qualifizierungsprozesses, in dem das ökonomische Prinzip sparsamer Ressourcenkalkulation zur Anwendung kommt" (ebd., S. 469), aus betriebswirtschaftlicher Sicht sind sie demnach auch Güter, die folglich auch „auf betrieblichen oder volkswirtschaftlichen Arbeitsmärkten angeboten, verkauft [oder] verwertet werden" (ebd. S.469) können. Daraus folgt, dass nahezu alle auf dem Arbeitsmarkt befindlichen Individuen in erster Linie angehalten sind, sich bei Planung und Durchführung betrieblicher Bildungsmaßnahmen in eigenem Interesse vor allem den „Verwendungs- und Verwertungsgesichtspunkt" (ebd., S. 469) der kommenden Aus- oder Fortbildung im Blick zu haben, um Ziele wie monetäre Verbesserungen, Aufstieg innerhalb des Unternehmens oder den Erwerb von Personalverantwortung erreichen zu können. Denn hierbei gilt, dass die Wirtschaft bzw. vorrangig die Unternehmen selbst „durch die Organisation ihrer betrieblichen Arbeit an der Definition der Verwertungsbedingungen individueller Bildung oder Kompetenz beteiligt sind" (ebd., S. 469) und damit maßgeblich die Richtung betrieblicher Qualifizierung oder Kompetenzentwicklung bestimmen.

Zur Finanzierung der beruflichen Weiterbildung wurden und werden nach wie vor beträchtliche Summen aufgewendet, deren Refinanzierung auf der einen Seite direkt, auf der anderen Seite indirekt durch den Erfolg oder Misserfolg der Wirtschaft bestimmt wird. Bei einem Gesamtaufwand innerhalb Deutschlands von etwa 35 Milliarden Euro jährlich tragen die Unternehmen selbst etwa die Hälfte der finanziellen Lasten (16,7 Mrd.), während sich die übrigen Kosten vorwiegend auf die Individuen (13,8 Mrd.) und den Staat (4,2 Mrd.) verteilen (vgl. Beicht et al. 2005, S. 264). Auch wenn eine Reihe von Gründen dafür spricht, dass diese Verteilung nur bedingt der tatsächlichen Lastenverteilung entspricht, die auf der Arbeitnehmerseite durch die steuerwirksame Absetzung von Weiterbildungsmaßnahmen oder auf Unternehmensseite durch unberücksichtigte Personalausfallkosten faktisch verschoben wird, sollen diese Zahlen zunächst einmal die Dimension verdeutlichen, in der sich die jährlichen Ausgaben für betriebliche Weiterbildung aktuell bewegen (vgl. ebd., S. 264). Erwirtschaftet ein Unternehmen in guten Zeiten hohe Gewinne, reinvestiert es in der Regel einen im Verhältnis zu niedrigen Gewinnen oder Verlusten in schlechten Zeiten größeren Teil davon in die „Schaffung infrastruktureller Voraussetzungen zur Ermöglichung […] professionalisierter Bildungsarbeit" (Heid u. Harteis 2010, S. 468) und erwirkt somit direkt eine Verbesserung betrieblicher Bildungsarbeit. Indirekt trifft dieser Einfluss wirtschaftlichen Erfolges auf die Infrastruktur des Bildungssystems auch in Hinblick auf die Handlungsmöglichkeiten des Staates zu. Öffentliche Haushalte können die Budgets für Bildung nur dann erhöhen, wenn zuvor höhere Einnahmen in Form von gestiegenen Steuereinnahmen generiert werden konnten. Erzielen die Unternehmen höhere Gewinne, steigen gleichzeitig die Steuereinkünfte von Bund und Ländern, „insofern hängen Existenz und Leistungsfähigkeit des Bildungssystems auch vom Erfolg „der Wirtschaft" bzw. vom Wirtschaftswachstum [selbst] ab" (ebd., S. 468).

Doch nicht nur in einer gegenseitigen Abhängigkeit machen sich die Wechselwirkungen zwischen Ökonomie und Bildung bemerkbar. Auch im Bezug auf ihre theoretische Reflexion sind beide Blickrichtungen eng miteinander verflochten. Laut Heid und Harteis haben „Bildungspolitik und Bildungspraxis wirtschaftskundliches und wirtschaftswissenschaftliches Wissen zum Gegenstand (Stichwort: Wirtschaftsdidaktik)" (Heid/Harteis 2010, S. 470) und beschäftigen sich damit vor allem theoretisch und praktisch mit der Hinterfragung des professionellen aber auch alltäglichen wirtschaftlichen Handelns. Stetig steigende Zahlen von Studienanfängern in den Wirtschaftswissenschaften, die Etablierung eines umfangreichen Systems an kaufmännischen Berufsschulen, Handelsschulen, Höheren Handelsschulen und Wirtschaftsgymnasien unterstreichen das nach wie vor ungebrochene Interesse nach wirtschaftswissenschaftlicher Bildung.

2.2 Wechselwirkungen zwischen betrieblicher Qualifikation und individueller Kompetenzentwicklung

Werden die vorgenannten wechselseitigen Abhängigkeiten zwischen Ökonomie und Bildung nun auf den einzelnen Betrieb und das Individuum heruntergebrochen, können auch hier eine Reihe von Wechselbeziehung identifiziert werden.

Der Betrieb wird in der Betriebswirtschaftslehre als Wirtschaftseinheit gekennzeichnet, der Güter in Form von Sach- oder Dienstleistungen für den Bedarf Dritter erstellt (vgl. Peters/Brühl 2005, S. 17). Um diesen Zweck jedoch gewährleisten zu können, bedarf es „betrieblicher Elementarfaktoren, die unter Gesichtspunkten pädagogischer Bedeutsamkeit in *personale* [...] und *sachliche* (Hervorhebungen im Original) [...] unterschieden werden können (Heid/Harteis 2010, S. 471). Während unter sachlichen Elementarfaktoren vor allem Betriebsmittel (Grundstücke, Gebäude, Maschinen und Werkzeuge), Betriebsstoffe (Energiestoffe oder sonstige Stoffe, die für die Funktionsfähigkeit der Betriebsmittel verantwortlich sind) und Werkstoffe (Bauteile und Komponenten, die im Produktionsprozess zum Bestandteil des Erzeugnisses werden) verstanden werden, beziehen sich personale Elementarfaktoren vor allem auf Arbeitsleistungen in Form einer unmittelbaren Durchführung betrieblicher Vorgänge oder Tätigkeiten der Leitung und Lenkung betrieblicher Arbeits- und Organisationsprozesse (vgl.

Schmalen/Pechtl 2009, S. 4). Beide Faktoren stehen sich jedoch nicht einander gegenüber, sondern sind wechselseitig aufeinander bezogen (vgl. Heid/Harteis 2010, S. 471). Ein Unternehmen kann demzufolge nur dann ertragreich wirtschaften, wenn es aus ökonomischer Perspektive gesehen die sachlichen Faktoren des Betriebes in optimaler Form mit qualifizierten Mitarbeitern koordiniert, wohingegen aus pädagogischer Sicht qualifizierte und kompetente Mitarbeiter nur dann erfolgreich arbeiten und ihr Wissen anwenden können, wenn die sachlichen Elementarfaktoren entsprechend durch das Unternehmen bereitgestellt werden.

Damit nimmt der Betrieb indirekt zu einem großen Teil Einfluss auf die Bildungs- und Qualifizierungsbedürfnisse seiner Mitarbeiter, die sich nach Heid und Harteis „erst in Auseinandersetzung mit den vorgefundenen Lerngelegenheiten, Anforderungen und Kompetenzverwertungsbedingungen" (2010, S. 471) entwickeln. Direkt hingegen beeinflusst er die Bildungs- und Qualifizierungsbedürfnisse seiner Mitarbeiter indem jene gezwungen sind, die „in den betrieblichen Rekrutierungskriterien definierten Qualifikationsanforderungen zu erfüllen, um im Beschäftigungssystem [verbleiben zu können und] erfolgreich zu sein" (ebd., S. 472).

Aus umgekehrter Perspektive müssen aber auch Unternehmensleitungen und Personalentwickler bei der Auswahl ihrer Mitarbeiter oder bei der Neuverteilung offener Posten von den „am Arbeitsmarkt verfügbaren oder durch (betriebliche) Aus- und

Weiterbildung entwickelbaren Kompetenzen" (ebd., S. 472) ausgehen. Gerade hier zeigen die außerordentlich hohen jährlichen Aufwendungen der Unternehmen jedoch deutlich, dass vor allem die betriebsinterne Qualifizierung Beschäftigter unter dem Gesichtspunkt der Einflussnahme auf die verfügbaren Kompetenzen in vielen Fällen der Rekrutierung extern Qualifizierter vorgezogen wird. Betriebliche Weiterbildungsangebote werden enger an den Bedarf der Unternehmen und den Bedürfnissen der Beschäftigten ausgerichtet (vgl. Baethge et al. 2003, S. 13f) und somit in eigener Zuständigkeit gehalten. Bemerkenswert daran ist jedoch nicht unbedingt nur die Absicht, Zuständigkeiten für Weiterbildung nach Möglichkeit in den eigenen Reihen zu halten, neu ist hier vor allem die Rücksichtnahme auf die individuellen Bedürfnisse der Beschäftigten.

> Kein Unternehmen kann es sich [...] aus betriebswirtschaftlichen, aber auch aus sozialpolitischen Gründen auf Dauer leisten, an den elementaren Bedürfnissen Beschäftigter vorbei seine betriebliche Arbeit zu organisieren (Heid/Harteis 2010, S. 473).

Heid und Harteis verstehen unter diesen elementaren Bedürfnissen vor allem das Bedürfnis nach Kompetenz und Wirksamkeit, das Bedürfnis nach Autonomie und das Bedürfnis nach sozialer Eingebundenheit oder Zugehörigkeit bzw. sozialer Anerkennung (vgl. ebd., S. 473). Dieselben Ansprüche, die durch das Unternehmen in sozialer Hinsicht wie zuvor angesprochen an die Persönlichkeit der MitarbeiterInnen gestellt werden (vgl. Harney 2002, S. 189), gelten demnach auch in umgekehrter Blickrichtung in Form von Ansprüchen der MitarbeiterInnen an die Arbeitssituation innerhalb des Unternehmens. Daraus folgt, dass Betriebe ihre Arbeitsorganisation und letztlich auch die eigentliche Arbeit selbst, die durch den Beschäftigten verrichtet werden soll, idealerweise in einer solchen Form auszurichten haben, dass diese Bedürfnisse nicht nur befriedigt sondern auch entwickelt und kultiviert werden (vgl. Heid/Harteis 2010, S. 473). Eine Konsequenz, die für beide Seiten Vorteile bringt. Wird der Arbeitnehmer auf der einen Seite gemäß seinen Bedürfnissen behandelt und gefördert, trägt seine zufriedenere Arbeitshaltung auf der anderen Seite vor allem in Bezug auf seine Arbeitseffizienz wesentlich dazu bei eine verbesserte Erfüllung der Arbeitsaufgaben zu gewährleisten (vgl. ebd., S. 473).

In diesem Sinne fällt vor allem der Personalentwicklung als handelndes Organ des Betriebes die Aufgabe zu, als Mittler zwischen den Zielen des Unternehmens und denen des Personals eine ständige Balance zu finden (vgl. Dehnbostel 2010, S. 28).

2.3 Konflikte zwischen betrieblicher und pädagogischer Handlungslogik

Neben einer Vielzahl an Wechselwirkungen zwischen betrieblichen und pädagogischen Handlungslogiken ergeben sich zusätzlich zu den bereits benannten gegenseitigen Abhängigkeiten ebenfalls diverse Konfliktpotenziale, die teils durch eben jene Abhängigkeiten provoziert werden, aber auch gleichzeitig auf den zugrunde liegenden Ausgangsvoraussetzungen basieren, die der jeweiligen Handlungslogik eigen sind.

Besonders deutlich kann dies am Beispiel des „Spannungsverhältnis[ses] ökonomische[r] Zeitordnungen und pädagogische[r] Zeitmuster" (Schmidt-Lauff 2010, S. 355) demonstriert werden, deren zugrunde liegende Handlungslogiken nicht nur auf den ersten Blick schwer vereinbar scheinen.

Die Zeit dient in Betrieben und Organisationen vor allem als „Maß der Arbeit und ihrer Bewertung und damit als Grundlage der Normierung menschlicher Arbeitsleistung" (Sauer et al. 2004, S. 158). Sie wird als „ökonomische Größe" (Biervert/Held 1995, S. 69) und Steuerungsgrundlage verwendet, um beispielsweise Lohn- und Gehaltseinstufungen vorzunehmen, Beförderungsrhythmen festzulegen oder Zielvorgaben zu installieren. Wo jedoch auf Organisationsebene Zeitvorgaben die Leistungserbringung und Zielerreichung der Beschäftigten sichern sollen, können sie in Bildungszusammenhängen nur mehr einen orientierenden Rahmen bieten (vgl. (Schmidt-Lauff 2010, S. 360). Hier ist der Lernvorgang eines Mitarbeiters nur schwer oder gar nicht so detailliert planbar, dass innerhalb einer festgelegten Zeitspanne ein überprüfbarer Lernerfolg feststellbar ist. Trotz größtenteils standardisierter Lernvorgaben lernt jeder Mensch anders und in unterschiedlichen Zeitrhythmen.

Aus Sicht einer betrieblichen Handlungslogik kann sich ein Unternehmen den Luxus eines solchen Umgangs mit dem Faktor Zeit nicht leisten.

> Auftretende zeitliche Anforderungen und Konflikte werden im betrieblichen Kontext durch Entgrenzung (Zeitsouveränität und Zielvereinbarung), durch Verdichtung (Überstunden und Mehrarbeit) oder durch Beschleunigung und Vergleichzeitigung (Zeitmanagement oder Multitasking) zu lösen versucht (ebd., S. 360).

Können die durch das Management festgesetzten Zeitvorgaben für Produktion oder Entwicklung bestimmter Güter oder Dienstleistungen nicht eingehalten werden, muss entsprechend durch Überstunden oder Mehrfachbelastung versucht werden, dass die Erreichung zuvor postulierter Ziele dennoch möglich ist.

Allerdings entsprechen diese unternehmerischen Maßnahmen zur Lösung von Zeitkonflikten in den wenigsten Fällen bildungstheoretisch fundierten Lösungsansätzen und widersprechen damit gleichzeitig etwaigen pädagogischen Handlungslogiken eines Betriebes. Aus pädagogisch normativer Sicht erscheint Bildung resistent wenn nicht sogar „widerständig gegenüber ökonomischen Zeitmustern und Rationalisierungsbestrebungen" und stellt vor allem wie bereits angesprochen "einen unplanbaren Faktor"(ebd., S. 360) dar, weil sich der Lernvorgang eines jeden Menschen unterschiedlich vollzieht und damit jeglichen ökonomischen Steuerungsversuchen entzogen wird. Unternehmerische Vorgaben für Qualifizierungs- und Bildungsprozesse, die in erster Linie von einer generellen Ökonomisierung als Prinzip des Handelns geprägt sind, lassen oftmals keine Zeit mehr für eine dringend benötigte Reifung innerhalb des gedanklichen Arbeitsprozesses (vgl. ebd., S. 361), sodass sich Inhalte nicht mehr ausreichend festigen und nachfolgend auch nicht langfristig angewandt werden können. Aus der Neurowissenschaft längst bekannte Strategien, um Lernen und Gedächtnisleistungen durch beispielsweise „elaborierendes Wiederholen" oder „Mnemotechniken" (Zimbardo/Gerrig/Graf 2008, S. 254f) zu erleichtern und zu verbessern benötigen Zeit, Zeit die oftmals nicht zu Verfügung gestellt wird. Im Gegenteil. Zeitdruck und Zeitverdichtung im Arbeitsgeschehen nehmen stetig zu und schaffen eine Form des Negativerlebens, die oftmals auch auf Lernprozesse in der betrieblichen Bildungsarbeit übertragen werden.

Die Kurzsichtigkeit ökonomischer Zugriffsversuche auf Lernzeiten lässt sich demnach anhand zweier Hauptkritikpunkte konkretisieren:

Zum einen erfolgt eine generelle Überbetonung der zukünftigen Verwertungsfunktion von Lernen, durch die der Prozess des Lernens in der Gegenwart völlig vernachlässigt wird. Vor allem dadurch, dass sich die Wertigkeit von Lernen erst „im Transfer und in der späteren Anwendung" (Schmidt-Lauff 2010, S. 362) des Wissens offenbart und damit das Ergebnis völlig außerhalb des Prozesses der Lernens selbst liegt, wird es dem Lernenden unmöglich gemacht sich ohne Zeitdruck und rationale Auseinandersetzung mit einer eventuellen späteren Verwertungsfunktion der Inhalte und des Lernens selbst zu beschäftigen. Ein Lernen um des Lernens Willen kann auf diese Weise nicht angeregt werden.

Zum anderen scheint es zumindest zweifelhaft, dass ökonomische Methoden der Effizienzsteigerung wie Beschleunigung, Flexibilisierung und Individualisierung ohne weiteres ebenso auf Lernprozesse angewandt werden können. Indem durch Beschleunigung Pausen verkürzt, auf Wiederholungen verzichtet und durch Multitasking Lerngegebenheiten verändert werden, ignoriert man den „temporale[n] Grundbezug des Zeitverbrauchs im Lernen" (Schmidt-Lauff 2008, S. 452) und setzt damit Erwartungen an eine Disponibilität von Lernen, die pädagogisch betrachtet zweifelhaft bleiben muss (vgl. (ebd., S. 362).

2.4 Aktuelle Tendenzen die Wechselbeziehung betrieblicher und pädagogischer Handlungslogiken zu berücksichtigen

Bereits Ende der achtziger Jahre des letzten Jahrhunderts entstanden erste Ansätze sich der Thematik unterschiedlicher Handlungslogiken innerhalb der betrieblichen Weiterbildung anzunehmen und deren Konfliktpotenzial zu entschärfen. So versuchten beispielsweise Brown, Collins und Duguid schon 1989 mit ihrer Methode des „Cognitive Apprenticeship" die Vorteile einer praktischen Lehre auch für die theoretische Ausbildung zu nutzen (vgl. Brown/Collins/Duguid 1989, S. 32). Ihre Methode teilte sich in die vier Phasen Modeling (vorführen), Scaffolding (unterstütze Eigentätigkeit), Fading (Verringerung der Unterstützung des Lehrers bei zunehmendem Lernfortschritt) und Coaching (betreuendes Beobachten) (vgl. ebd., S. 38) ein, bei der mit fortschreitender Kompetenzentwicklung eine höhere Eigenständigkeit der Lernenden generiert wurde, die individuell durch sie selbst und nicht ausschließlich durch ökonomische Vorgaben von außen bestimmt wurde.

> Dieser Ansatz wurde in erster Linie zu dem Zweck entwickelt, das schulische Lernen, dem Defizite hinsichtlich der Transferierbarkeit des Erlernten in den Alltag unterstellt wurden, dadurch ertragreicher zu organisieren, dass offensichtlich in dieser Hinsicht erfolgreichere Lehrkonzepte des Alltags […] auf formelle Lehrsituationen wie

Schulunterricht übertragen werden (Heid/Harteis 2010, S. 476).

Damit wurde nicht nur in Hinblick auf den zeitlichen Aspekt des Lernens ein neuer Weg eingeschlagen, die Aus- und Weiterbildung rückte ebenfalls vermehrt eine ganzheitliche Kompetenzentwicklung in den Vordergrund, die verstärkt vom Subjekt her zu betrachten war (vgl. Dehnbostel 2010, S. 8) und gleichzeitig schulische und berufliche Bildung vermehrt an „authentischen Gegebenheiten beruflicher Praxis" (Heid/Harteis 2010, S. 476) orientierte.

Wurde sich seit diesem Zeitpunkt zunächst vermehrt auf die tatsächlichen beruflichen Gegebenheiten und den Arbeitsplatz an sich als Lernsetting konzentriert, verlagert sich die Perspektive heute immer mehr darauf „die Entwicklung beruflicher Kompetenz durch kompetenzfördernde und kompetenzfordernde Arbeitsbedingungen zu unterstützen (ebd., S. 477). Neuere Ansätze nutzen daher die Kombination informaler und formaler Lernsettings, die die betriebliche Arbeit nicht mehr länger nur als Mittel zum Zweck einer produktiven Leistungserstellung erscheinen lassen, sondern sie gleichzeitig zu einer *Gelegenheit* individueller Entfaltung und beruflichen Lernens aufwerten (vgl. ebd. S477). In zunehmendem Maße werden daher auf der einen Seite arbeitsnahe Lernformen wie Lernstätten und Lerninseln implementiert, auf der anderen Seite lernförderlich Arbeitsformen wie Gruppenarbeit,

Projektarbeit oder Qualitätszirkel dazu genutzt eine höhere Praxisnähe und Gestaltungsflexibilität, einen besseren Lerntransfer und eine stärkere Bedarfsorientierung zu erreichen, um neben ökonomisch orientierten Handlungszielen auch das Individuum und die Befriedigung seiner Bedürfnisse zu fördern (vgl. Schiersmann 2007, S. 90ff).

Andere Ansätze beziehen sich eher auf Veränderungen der Organisationsstruktur, um aus pädagogischer Sicht eine breitere Kompetenzentwicklung der Mitarbeiter zu gewährleisten. „Lean Production" und „Lean Management" (Timmermann 1995, S. 148) sind Strategien der Organisationsentwicklung, die vor allem durch Abbau von Hierarchieebenen und Stäben, Rezentralisierung und Outsourcing dafür Sorge tragen sollen, dass dem Mitarbeiter an sich ein wesentlich breiteres Aufgabenspektrum zufällt und er somit an seinen vielfältigen Aufgaben wachsen und seine Kompetenzen erweitern kann (vgl. ebd., S. 148). Ähnliche Intentionen verfolgte auch die Human-Relations-Bewegung der zwanziger bzw. dreißiger Jahre des zwanzigsten Jahrhunderts, die sich in ihrer modernen Form später zur Organisationsentwicklung veränderte. Hierbei geht man davon aus, dass neben der Motivation auch die Zufriedenheit innerhalb der eigenen Tätigkeit nicht nur von objektiven Arbeitsbedingungen des Betriebes abhängig ist, sondern ebenfalls maßgeblich durch das soziale Klima beeinflusst wird. Ein Betriebsklima, das vor allem in übergeordneter Ebene durch die Veränderung des Führungsstils weg von einem rein direktiven hin zu einem partizipativen beeinflusst werden kann, um so eine höhere Arbeitszufriedenheit und damit auch mehr Leistung zu erreichen.

Noch einen Schritt weiter geht in diesem Zusammenhang der Ansatz des „Management[s] by Gardening" (Müller 2010, S 22), der nicht nur auf die strukturelle Veränderung von Managementdirektiven im Allgemeinen abzielt, sondern sich ganz konkret mit dem Verhältnis zwischen Führungskraft und Beschäftigtem befasst und insbesondere die Aufgabe des Bildungsmanagements aus einem neuen Blickwinkel sieht. Hierbei wird Bildungsarbeit als „gärtnerische Pflege" im metaphorischen Sinne besonders „vor dem Hintergrund aktueller Konzeptualisierungen pädagogischen Handelns als Entwicklung von *Lernkulturen* oder Gestaltung von *Lernlandschaften* (Hervorhebungen im Original)" (ebd., S. 22f) betrachtet, um so der Funktion des Mitarbeiters als zu bildendes Subjekt und gleichzeitig seiner Eigenschaft als lebender Organismus Rechnung zu tragen. Lernen wird als naturwüchsiges Geschehen verstanden, das zwar nicht erzeugt, aber dennoch angeregt, unterstützt und begleitet werden kann. Gleich einem Gärtner kann der Manager die Folgen und den Erfolg seines Handelns zwar nie exakt voraussagen, dennoch wird er mithilfe eines geeigneten betrieblichen Weiterbildungssystems das Wachstum (die Kompetenzentwicklung) seiner Mitarbeiter aus ökonomischer Perspektive anregen bzw. beeinflussen und aus pädagogischer Sicht geduldig unterstützen und begleiten können. Für ausreichend Sonne sorgen (Sinn stiften), einen optimalen Standort auswählen und vorbereiten (förderliche Arbeitsbedingungen schaffen), gießen (Kompetenzentwicklung unterstützen), düngen (motivieren) und den Boden bereiten (Entwicklung einer Unternehmenskultur) werden hier als zentrale -Aufgaben für das Management gesehen (vgl. Vollmar 2007, S. 114ff; zit. n. Müller 2010, S. 23).

Alle diese Ansätze gehen gemeinsam von der Prämisse aus, dass ein zufriedener Mitarbeiter eine höhere Arbeitsmotivation entwickeln, damit produktiver und effizienter arbeiten und somit zunächst einmal die grundlegenden Vorgaben einer ökonomischen Handlungslogik erfüllen kann, wenn zuvor durch den Einfluss pädagogischer Handlungslogiken kompetenzförderlichere Arbeitsbedingungen und Organisationsstrukturen geschaffen worden sind. Dennoch gelingt es im besten Falle nur dem letzteren Ansatz, in Hinblick auf den zunehmenden Leistungsdruck in Form von Verdichtung und Beschleunigung gerade auch in der betrieblichen Weiterbildung auf die bereits angesprochenen Konflikte zwischen ökonomischen Zeitordnungen und pädagogischen Zeitmustern zu reagieren. Planbare Lernergebnisse unter dem Aspekt der Verwertbarkeit mit unplanbaren Lernprozessen und deren Notwendigkeit einer gedanklichen Reifung zu verbinden, schafft auch das Konzept des „Management[s] by Gardening" nur bedingt und aus ökonomischer Sicht wenig befriedigend.

Ein Lösungsvorschlag, der bereits seit Jahren als „Allheilmittel" (Schiersmann 2007, S. 71) gehandelt wird, um die aus diesem Spannungsverhältnis resultierenden Probleme in den Griff zu bekommen, ist das Konzept des „lebenslangen Lernens".

3 Lebenslanges Lernen

3.1 Definition und Historie

Wie der Begriff selbst schon andeutet, umfasst das „lebenslange Lernen" vor allem das Lernen nach der Jugendphase im weiteren Lebensverlauf und beleuchtet somit Lernaktivitäten, die sich über die gesamte Lebensspanne erstrecken (vgl. Brödel 2011, S. 235). Erstmals durch den Amerikaner Robbins Kidds 1959 in seinem Buch *How Adults Learn* verwendet, konnte sich der Begriff in Deutschland zunächst nicht durchsetzen (vgl. Siebert 2011, S. 26), bis nach einer ersten intensiven, jedoch kaum rezipierten Phase der Diskussion in den 1970er Jahren das verstärkte Engagement der EU in den 1990er Jahren der Idee des lebenslangen Lernens endgültig nachhaltigere Beachtung verlieh (vgl. Schiersmann 2007, S. 59).

Auch wenn das Konzept des lebenslangen Lernens von Beginn an im Prinzip auf das gesamte Bildungssystem für alle Phasen des Lebens zielte (vgl. Krenn 2010, S. 21), hebt die Semantik des Begriffs mehr auf das Erwachsenenalter ab (vgl. Brödel 2011, S. 235) und wird heute vorwiegend als Synonym für Weiterbildung genutzt bzw. auf die berufliche Bildung bezogen (Schiersmann 2007, S. 59). Dies bleibt vor allem der Tatsache geschuldet, dass sich nach wie vor überwiegend diejenigen Teildisziplinen der Wissenschaft mit der Thematik des lebenslangen Lernens befassen, die sich sonst vornehmlich auf den Themenkomplex der betrieblichen Bildungsarbeit konzentrieren und diesen neuen Ansatz von Beginn an mit offenen Armen aufgenommen haben (vgl. Schiersmann 2007, S. 60).

Im Gegensatz zu einem anfänglich sehr zurückhaltenden deutschen Umgang mit dem Konzept des lebenslangen Lernens wurde sich auf europäischer Ebene bereits recht früh mit diesem Ansatz auseinandergesetzt. So präsentierte der Europarat unter Bezugnahme auf das, durch die UNESCO 1970 proklamierte, internationale Jahr der Erziehung noch im selben Jahr seine Studien und Gutachten zu unterschiedlichen Aspekten dieser Thematik in der Publikation *Permanent Education. Fundamentals for an integrated educational policy*, die länderübergreifend von verschiedenen Bildungsexperten seit den 60er Jahren ermittelt worden waren (vgl. ebd., S. 60). Geworben wurde hier für ein „flexibles System von Lerneinheiten verbunden mit freier Zeiteinteilung in einer möglichst großen Wahlfreiheit für alle Lernzeiten im Laufe des Lebens" (ebd., S. 60), das in seiner Grundidee mehr in Form von grundsätzlichen konzeptionellen Ansprüchen formuliert worden war, als dass es Lösungsmöglichkeiten in Bezug auf eine praktische Umsetzung vorgab. Auch wenn dieses Konzept der *Permanent Education* in seiner Reinform vor allem auf die Selbstbildung aller Individuen ausgerichtet war, wird dennoch implizit eine Konzentration auf Erwachsene ersichtlich (vgl. ebd., S. 60) und rechtfertigt so noch heute die synonyme Nutzung des Begriffs im Sinne von Weiterbildung.

Erst in den 1990er Jahren gewinnt diese Thematik auch innerhalb der EU an Bedeutung. Während eine inhaltliche Fokussierung auf das Konzept des lebenslangen Lernens bereits durch die Veröffentlichung zweier Weißbücher der Europäischen Kommission 1994 und 1996 angedeutet wird, gipfelt die Priorisierung dieses konzeptionellen Ansatzes vor allem in der offiziellen Ausrufung des Jahres 1996 als das Jahr des lebensbegleitenden Lernens. Vor allem im Weißbuch von 1996 *Lehren und Lernen – auf dem Weg zur kognitiven Gesellschaft* werden drei zentrale gesellschaftliche Umwälzungen beschrieben, denen einerseits durch die Förderung der Allgemeinbildung und andererseits durch die Entwicklung der Eignung zur Beschäftigung entgegen getreten werden soll: Der Wandel der Gesellschaft zur Informationsgesellschaft, die Globalisisierung der Wirtschaft und die Veränderung hin zur wissenschaftlich-technischen Zivilisation (vgl. Europäische Kommission 1996, S. 25). Während unter der Förderung der Allgemeinbildung weitestgehend die „Fähigkeit zum Begreifen, zum Verstehen und zum Beurteilen" (ebd., S. 27) im Sinne eines lebenslangen Lernens angesprochen wird, dominiert in der Gesamtargumentation eher die „ökonomische Perspektive, was sich in der Dominanz der Bezüge zum Arbeitsmarkt und Beschäftigungssystem als Begründungsaspekt für ein neues Bildungskonzept niederschlägt" (Schiersmann 2007, S. 62).

Deutlich dezidierter formulierte die Kommission der Europäischen Gemeinschaft erst im Jahr 2000 in ihrem *Memorandum über Lebenslanges Lernen* den Sinn und Zweck lebenslangen Lernens und beschränkte sich damit nicht mehr nur auf den ökonomischen Aspekt desselben. Ganz im Gegenteil. Hier wurden wieder alle Aktivitätsräume des Individuums in die Betrachtung mit einbezogen, wobei lebenslanges Lernen grundsätzlich als „jede zielgerichtete Lerntätigkeit [definiert wurde], die einer kontinuierlichen Verbesserung von Kenntnissen, Fähigkeiten und Kompetenzen dient" (Kommission der Europäischen Gemeinschaften 2000, S. 3, zit. n. Schiersmann 2007, S. 62), um damit den gesellschaftlichen Herausforderungen zu begegnen. Erst aus dem auf das Memorandum folgenden gegenseitigen Konsultationsprozess der EU Mitgliedsstaaten ergab sich 2001 dann wiederum eine Erweiterung der Definition, die eine ökonomische Fokussierung expliziter betonte:

> Lebenslanges Lernen ist alles Lernen während des gesamten Lebens, das der Verbesserung von Wissen, Qualifikationen und Kompetenzen dient und im Rahmen einer persönlichen, bürgergesellschaftlichen, sozialen bzw. beschäftigungsbezogenen Perspektive erfolgt (Europäische Kommission 2001, S. 9, zit. n. Schiersmann 2007, S. 63).

Allen Publikationen gemein bleibt jedoch der Grundgedanke, das die Forderung nach lebenslangem Lernen vor allem im anhaltenden ökonomischen wie auch gesellschaftlichen Strukturwandel begründet liegt und individuelle Lernprozesse folglich über den gesamten Lebensverlauf verteilt werden sollten um jenem andauernden Veränderungsprozess gerecht zu werden (vgl. Schiersmann 2007, S. 69). Auch wenn beim lebenslangen Lernen das Wesentliche bereits in der Kindheit und Jugend erlernt worden sein sollte, bezieht sich diese Forderung vor allem auch auf die Lernfähigkeit als zentralem Lerninhalt selbst, da in allen Konzepten unterstellt wird, dass in der nachfolgenden Lebensphase des Erwachsenseins in der Regel einer Erwerbstätigkeit nachgegangen und demzufolge vorausgesetzt wird, dass Erwachsene bereits lernen können (vgl. Kraus 2001, S. 107). Gleichzeitig „gehen alle Konzeptvarianten [ebenfalls] von einer Grenzauflösung zwischen Lernen und anderen Tätigkeiten – insbesondere Arbeiten – aus (ebd., 2001, S. 107), die folgerichtig die Verbreitung des Lernens im Erwachsenenalter vor allem in den Bereich der Aus- und Weiterbildung verlagert.

Tatsächlich beschäftigte sich in Deutschland dann auch vorwiegend die Disziplin der Weiterbildung mit der Thematik des lebenslangen Lernens, was einerseits „aus der besonderen Affinität des Konzeptes zu einer andragogischen Perspektive auf das Lernen" (Schiersmann 2007, S. 68) resultierte und andererseits bereits der angesprochenen Grenzauflösung zwischen Lernen und Arbeiten Rechnung trug. Wurde „das Lernen in der Kinder- und Jugendphase [...] als eine biographische und soziale Selbstverständlichkeit angesehen [...], das zudem in der Schule seinen festen, institutionalisierten Ort hat[te]" (ebd., S. 68), gewann das Lernen im Erwachsenenalter und das Lernen in der betrieblichen Aus- und Weiterbildung im öffentlichen Diskurs zunehmend an Bedeutung.

Allerdings wird das Konzept des lebenslangen Lernens in der erziehungswissenschaftlichen Literatur auch heute noch durchaus kontrovers diskutiert, wenn auch die unabdingbare Notwendigkeit eines tatsächlich *lebenslangen* Lernens auf einen breiten gesellschaftlichen Konsens zurückgreifen kann. Lebenslanges Lernen im Sinne beruflicher und allgemeiner Bildung kann heutzutage nicht mehr nur auf abgegrenzte Phasen der beruflichen Biographie beschränkt bleiben, sondern muss vielmehr bedingt durch den gesellschaftlichen Strukturwandel, die technologische Entwicklung und die Veränderungen in der internationalen Arbeitsteilung kontinuierlich über die gesamte Lebenszeit erfolgen (vgl. Krenn 2010, S. 21). Dies impliziert jedoch gleichzeitig entsprechende Folgen für das betriebliche Bildungsmanagement.

> Entsprechende Veränderungen der Aus- und Weiterbildungssysteme in Richtung 'lebenslanges Lernen' erscheinen in diesem Lichte als zentrale Herausforderungen zur erfolgreichen Bewältigung des Wandels, zur Aufrechterhaltung der (internationalen) Wettbewerbsfähigkeit und zur Sicherstellung von Wirtschaftswachstum (ebd., S. 21).

Wissen wird in der heutigen Zeit nicht nur deutlich rascher akkumuliert, sondern erscheint auch in seiner wirtschaftlichen Verwertbarkeit wesentlich kurzlebiger zu sein (vgl. Biffl 2007, S. 6). Einhergehend mit einem allgemeinen Anstieg bzw. einem stetigen Wechsel von Kompetenz- und Qualifikationsanforderungen, ergibt sich demnach fast schon zwangsläufig die Forderung nach einem System der kontinuierlichen Weiterbildung im Sinne eines lebenslangen Lernens, das in dieser Form in einem Großteil der Betriebe weltweit bereits umgesetzt wird.

3.2 Chancen des lebenslangen Lernens

Das Konzept des lebenslangen Lernens gilt auch heute noch als geeignete Antwort auf die Folgen eines sozio-ökonomischen Wandels, der in etwa Mitte der 1980er Jahre einsetzte und bis heute andauert. Ausgelöst durch „die sog. 'Megatrends' wie Tertiarisierung, Globalisierung bzw. Internationalisierung, fortschreitende Informatisierung und Wissensintensität, demographische Entwicklung, zunehmende Individualisierung und Wertewandel" (Baethge et al. 2003, S. 9), werden seitdem vor allem die Chancen des lebenslangen Lernens im Kontext bildungspolitischer Debatten unterstrichen. Vor diesem Hintergrund kann aus einer „positiv-affirmativen Perspektive" heraus besonders das „demokratisch-emanzipatorische Potenzial" lebenslangen Lernens betont werden, das Emanzipation einerseits als „individuelle Steigerungsmöglichkeit und Vervollkommnungsperspektive" und andererseits als „Befreiung der Individuen aus traditionellen Verhaftungen" versteht (vgl. Kade/Seitter 1998, S. 2). Damit wird es auf der einen Seite im Anschluss an den traditionellen Bildungsdiskurs „zum präferierten Medium subjektiver Weltaneignung und zum Träger von Entfaltungs- und Steigerungsperspektiven" und auf der anderen Seite gleichzeitig zu einem „positiv besetzte[n] Möglichkeitsraum", der den Individuen zahlreiche und breit gefächerte „Selbstentfaltungsmöglichkeiten" bietet (vgl. ebd., S.2).

Aus rein ökonomischer Sicht innerhalb eines betrieblichen Bildungsmanagements wird das lebenslange Lernen jedoch vor allem unter dem Aspekt der Kompetenzentwicklung gesehen (vgl. Herzberg/Truschkat 2009, S. 111). Einer Kompetenzentwicklung, die als Motor von Innovation und als Sicherung nationaler bzw. internationaler Wettbewerbsfähigkeit gemeinsam mit einem zunehmenden Wandel von Erwerbsarbeit dazu führt, dass „die Bedeutung von Bildung im Leben der Menschen [stetig] zunimmt" (ebd., S. 113) und in der Schule oder Ausbildung erlangtes Wissen, Kenntnisse und Fähigkeiten nicht mehr ausreichend sind ein Arbeitsleben zu überdauern.

> Durchschnittliche Erwerbstätigkeit bedeutet nicht mehr die Ausübung ein und desselben Berufs über eine beträchtliche Lebensspanne hinweg, sondern den Wechsel von Arbeits- und Fortbildungsphasen, freiwillige und unfreiwillige Berufsabbrüche, innovative Strategien des career switching, selbst gewähltes Abwechseln von Berufs und Familienphasen (Alheit/Dausien 2002, S. 570).

Man kann demnach nicht mehr von der Existenz einer „Normalbiographie" (Kade/Seitter 1998, S. 4) sprechen, da der eigene Lebensverlauf ganz im Gegensatz zu früher nicht mehr mit Sicherheit geplant und vorausgesagt werden kann. Denn ein größerer Spielraum an Handlungsmöglichkeiten birgt auch stets ein höheres Maß an Unsicherheiten zukünftige Entwicklungen betreffend. Höhere Freiheits- und Emanzipationsgrade sind in den meisten Fällen zeitgleich mit Risiken und Entscheidungszwängen verbunden, die nicht mehr nur als „temporäre Momente individueller Zukunftsgestaltung, sondern [als] notwendige Bedingungen ihrer Realisierung" (ebd., S. 4) empfunden werden. Somit wird auch das lebenslange Lernen Teil dieser Risikodimension Während auf der einen Seite einhergehend mit einer größeren Entscheidungsfreiheit das Risiko der Unsicherheiten vermehrt auf die Seite des Individuums verlagert und in dessen eigenständige Verantwortung übergeben wird, mutiert das lebenslange Lernen zeitgleich zu einer Art Rückversicherung, um eben genau jene Ungewissheiten und Risiken abzusichern (vgl. ebd., S. 4). Anhand von lebensbegleitenden Weiterbildungsmaßnahmen bzw. deren Zertifizierung soll die beruhigende Gewissheit vermittelt werden auch zukünftig wechselnde Ansprüche der eigenen Erwerbstätigkeit erfüllen und die Verwertbarkeit der eigenen Arbeitsleistung steigern zu können.

Jedoch versteht sich lebenslanges Lernen nicht nur als reine „Präventionsmaßnahme mit Versicherungscharakter" oder als „Vorwegnahme zukünftiger Qualifikationsanforderungen" (ebd., S. 5). Das Konzept des lebenslangen Lernens im Sinne von lebensbegleitenden Weiterbildungsmaßnahmen lohnt sich für den einzelnen in der Regel gleich aus verschiedenen Perspektiven: *„Erstens* (Hervorhebungen im Original) zahlt sich die Teilnahme […] durch ein höheres Bruttomonatseinkommen aus, *zweitens* bringt sie bessere Aufstiegschancen mit sich, *drittens* reduziert sie das Arbeitslosigkeitsrisiko dramatisch und *viertens* lohnt sie sich subjektiv" (Backes-Gellner 2009, S. 68). So konnte beispielsweise anhand empirischer Studien nachgewiesen werden, dass die realen Bruttoarbeitseinkommen von Teilnehmern etwa 10-70% über denen der Nicht-Teilnehmer lagen und sich demnach Weiterbildung für alle befragten sozioökonomischen Gruppen und Altersklassen auch monetär lohnte (vgl. Büchel/Pannenberg, 2003, S. 112ff). Ähnliche Aussagen konnten auch in Bezug auf die Verbesserung etwaiger Aufstiegschancen getroffen werden. Während sich die Reduzierung des Arbeitslosigkeitsrisikos vor allem im Hinblick auf die eigene vorteilhaftere Positionierung innerhalb des Unternehmens und auf die durch Weiterbildung erworbene Kompetenzsteigerung selbsterklärend darstellt, lässt sich die subjektive Empfindung einer „lohnenswerten" Teilnahme an betrieblichen Weiterbildungsmaßnahmen nur schwer fassen. Mit Sicherheit kann lebenslanges Lernen „eine Hilfe zur Komplexitätsreduktion, Wissenseingrenzung und Entscheidungsminimierung in einer überkomplexen Welt" darstellen, in der das Individuum vor allem durch Entgrenzung von der „Überforderung durch Dauerreflexion" und einem fortwährenden „Entscheidungszwang" zumindest teilweise erlöst werden könnte (Kade/Seitter 1998, S. 5). Indem einzelne

Lernprozesse und die direkte Auseinandersetzung mit zunehmend komplexeren Aufgabenstellungen auf die gesamte Lebensspanne verteilt und damit zeitlich entzerrt werden können, beinhaltet lebenslanges Lernen immer auch gleichzeitig die Möglichkeit „Entscheidungen offen bzw. reversibel zu halten" (ebd., S. 6), um sie gegebenenfalls aktuellen Veränderungen anzupassen. So führt die Ausweitung von Bildungsprozessen auf die gesamte Erwerbsbiographie nicht nur zur Entzerrung einzelner Lerninhalte, sie bildet auch gleichzeitig die Grundlage für eine wesentliche Umstrukturierung des gesamten Bildungssystems. Informelle Lernprozesse, also nicht strukturiertes, non-formales und zumeist nicht intentionales Lernen, z.B. am Arbeitsplatz, stehen hier im Fokus der betrieblichen Weiterbildung wobei immer ein besonderer Schwerpunkt auf die Selbststeuerung des Lernens gelegt wird (vgl. Krenn 2010, S. 27).

Versteht man das Konzept des lebenslangen Lernens in diesem Sinne nun hauptsächlich unter dem Leitgedanken der zeitlichen Entzerrung und individuellen Selbsttätigkeit, kann damit bereits ein Teil der angesprochenen Konflikte zwischen ökonomischen und pädagogischen Handlungslogiken gelöst werden. Indem betriebliche Zielkonflikte durch zeitliche Entgrenzung in Form von Zeitsouveränität in die Verantwortung der Mitarbeiter selbst gegeben werden, kann der einzelne selbst entscheiden wann und wie das Bildungsziel erreicht werden soll. Hier kann das Individuum der „Bedeutung von Reifung in gedanklichen Verarbeitungsprozessen" Rechnung tragen und die „im Lernen intendierten Wiederholungen, (Reflexions-)Schleifen, Pausen, kreative[n] Auszeiten, vertiefende[n] Übungen" (Schmidt-Lauff 2010, S. 361) nach eigenem Ermessen steuern und je nach Bedarf beeinflussen. Lebenslanges Lernen ermöglicht dabei, in vorwiegend selbstgesteuerten Lernprozessen Bildungsziele unter pädagogischen Gesichtspunkten zu entzerren, ohne dabei ökonomische Überlegungen und wirtschaftliche Interessen außer Acht zu lassen.

3.3 Risiken des lebenslangen Lernens

Auch wenn das Prinzip des lebenslangen Lernens in der heutigen Zeit globale Anwendung gefunden hat, darf dies nicht ausschließlich so verstanden werden, dass dieses Konzept nicht heute immer noch kritisch hinterfragt und in Hinblick auf negative Konsequenzen für das Individuum analysiert wird. Vor allem die bereits angesprochene „Ambivalenz[.] zwischen Emanzipation und Verpflichtung" (Schiersmann 2007, S. 69), bei der vor allem die zwanghafte Notwendigkeit im Vordergrund steht auf „permanent veränderte[.] Erfordernisse[.] aufgrund individuell nicht steuerbarer, ökonomisch induzierter Anpassungspostulate" (Faulstich 2003, S. 28) zu reagieren, muss in diesem Zusammenhang negativ ausgelegt werden. Herzberg und Truschkat gehen sogar noch einen Schritt weiter:

> Lebenslanges Lernen umfasst demnach nicht nur die Anpassungsfähigkeit der Arbeitskräfte an die vorgefundenen Bedingungen, sondern auch die 'Notwendigkeit biographischer Selbstkonstruktionen'" (Herzberg/Truschkat 2009, S. 116).

In diesem Sinne wird lebenslanges Lernen nicht nur obligatorisch, um sich an gegebene Arbeitsbedingungen in Form gesteigerter Flexibilität und Veränderungsbereitschaft anzupassen, sondern es beinhaltet gleichzeitig auch den Zwang seinen Lebensverlauf so vorausdenkend und selbsttätig zu gestalten, dass die Verwertbarkeit der eigenen Arbeitsleistung auch zukünftig gegeben sein wird. Damit wird die Verantwortung für die eigenen Bildungsprozesse mehr und mehr durch politische Instanzen und Bildungsinstitutionen an den einzelnen übergeben, der dadurch „verstärkt in die Pflicht genommen [wird], sich permanent durch selbstgesteuerte Lernprozesse weiterzuentwickeln" (ebd., S. 122). Das hieraus resultierende Gefahrenpotenzial mutet jedoch beträchtlich an. Selbstgesteuertes Lernen ist und bleibt „hoch voraussetzungsvoll und kann (ohne institutionelle Unterstützung) nicht in allen sozialen Milieus gleichermaßen gut realisiert werden" (ebd., S. 122), da nach wie vor Grenzen biographischer Lern- und Bildungsprozesse existieren, die in lernhabituellen Mustern begründet sind und die eine soziale Ungerechtigkeit weiterhin forcieren.

Allerdings ist nicht nur das soziale Milieu entscheidend für die Teilnahme an betrieblicher Weiterbildung, auch die Unternehmensgröße besitzt einen wesentlichen Einfluss auf die Beteiligung an verschiedenen Formen des lebenslangen Lernens. So bieten nahezu alle (ca. 95%) Unternehmen mit 500 bis 999 Beschäftigten irgendeine Form von Weiterbildung an, wohingegen nur etwa 25% der Betriebe mit einem bis neun Mitarbeitern vergleichbare Angebote bereitstellen (vgl. Backes-Gellner 2009, S. 65). Diese Erkenntnis ist insofern bedenklich, als dass in verschiedenen Untersuchungen „nicht nur formelle Maßnahmen, sondern auch eine Vielzahl an informellen Maßnahmen, insbesondere 'Learning by Doing' erfasst wurden" (ebd., S. 65). Insgesamt arbeiten etwa 60% aller Arbeitnehmer und damit 20 Millionen Beschäftigte in kleinen bis mittleren Unternehmen mit weniger als 499 Beschäftigten, von denen vor allem gering qualifizierte Arbeitnehmer eine besondere Problemgruppe darstellen (vgl. ebd., S. 70). Fragt man in dieser speziellen Personengruppe nach den Motiven der Nicht-Teilnahme an Weiterbildung, wird auf der einen Seite ein fehlender Weiterbildungsbedarf angeführt und auf der anderen Seite zu hohe Lernbelastungen befürchtet, die antizipatorisch dafür Sorge tragen, dass eine Teilnahme an weiterbildenden Maßnahmen gar nicht erst erfolgt.

Auch hier erscheint lebenslanges Lernen wieder als Obligation, als „ökonomisch induzierte[.] und damit individuell nicht steuerbare[.] Anpassungsnotwendigkeit[..] [...], die aus wirtschaftlichen Imperativen heraus den instrumentellen Charakter des lebenslangen Lernens und die qualifikatorische Weiterbildungspflicht der Individuen betont (Kade/Seitter 1998, S. 3). Deutlich wird hier vor allem der zwanghafte Charakter einer individuellen Weiterbildung, der aus Sicht vieler Beschäftigten eher aus rein ökonomischen Motiven heraus verpflichtend wirkt, als dass die Beschäftigten aus eigenem Wissensdurst freiwillig Zeit für betriebliche Bildung opfern. In vielen Unternehmen wird lebenslanges Lernen lediglich zu dem Zweck instrumentalisiert, dass Beschäftigte durch eine höhere Qualifikation mehr leisten sollen oder überhaupt erst in die Lage versetzt werden den ständig steigenden Anforderungen ihres Arbeitsplatzes gerecht zu werden, um in letzter Konsequenz für das Unternehmen höhere Gewinne zu erwirtschaften. Ob Beschäftigte nun aus eigenen intrinsischen Motiven heraus an Weiterbildungsmaßnahmen teilnehmen oder sich lediglich zwecks Arbeitsplatzsicherung dem Diktat einer innerbetrieblichen Anpassungsnotwendigkeit beugen, kann an dieser Stelle nicht pauschal beantwortet werden. Dennoch darf nicht vergessen werden, dass mit der Übergabe der Verantwortung von Lernprozessen an das Individuum - beispielsweise durch selbstgesteuertes Lernen - vor allem auch das Risiko steigt, dass sich einzelne Mitarbeiter bewusst einer obligatorischen Weiterbildung entziehen und so die Lücken nutzen, die durch etwaige moderne Formen des lebenslangen Lernens geöffnet werden. Nur wer auch tatsächlich den Willen besitzt sich fortzubilden, kann auch die Formen der nicht institutionalisierten Weiterbildung effektiv nutzen.

Allen Kritikpunkten gemein scheint demnach der Vorwurf der ökonomischen Einflussnahme auf individuelle Lern- und Weiterbildungsprozesse, bei deren Durchsetzung zumeist ohne Rücksicht auf die eigentlichen Bedürfnisse der Arbeitnehmer lediglich das Streben nach Gewinn in den Vordergrund gestellt wird. Denn vor allem innerhalb einer betrieblichen Weiterbildung wird weniger das grundsätzliche Bildungsbedürfnis des Individuums – sofern jenes existieren sollte – befriedigt, sondern vielmehr beziehen sich Inhalte und Themen betrieblicher Fortbildungsmaßnahmen ausschließlich zweckgebunden auf die auszuübende Tätigkeit innerhalb des Betriebes. Zusammen mit der „im Konzept des 'lebenslange[n] Lernens' zum Ausdruck kommende[n] 'permanente[n] Lernverpflichtung'" (Krenn 2010, S. 26), wird so nicht nur ausschließlich eine Entgrenzung von Lernzeiten mit all ihren bereits angesprochenen Vorteilen erzielt, sondern zeitgleich auch „das Risiko einer Ausdehnung, Verdichtung [und] Mehrfachbelastung durch Bildungsansprüche (besonders in der ‚rush-hour-of-life')" (Schmidt-Lauff 2010, S. 356) an die Mitarbeiter weitergegeben.

Gerade hier differieren die zeitlichen Größenordnungen über den Aufwand für betriebliche Weiterbildung zwischen Unternehmen und Beschäftigten teils erheblich. Wurde für das Jahr 2005 je nach Quelle noch ein Durchschnitt von elf bis dreißig Teilnahmestunden je Beschäftigtem ermittelt (vgl. ebd., S. 258), so kommt das Institut der Deutschen Wirtschaft 2008 auf einen Umfang von 18,1 Stunden pro Jahr (vgl. Lenske/Werner 2009, S. 7). Entscheidend sind hier jedoch nicht nur die teils stark variierenden Angaben der Unternehmen, viel interessanter bleibt die noch größere Diskrepanz zu den subjektiven zeitlichen Angaben der Lernenden selbst. Während für etwa denselben Zeitraum die Lernenden ihren Aufwand mit 109 bis 93 in den alten Bundesländern und 180 bis 124 Stunden pro Jahr in den neuen Bundesländern beziffern (BMBF 2006, S. 59), liegt das Stundenvolumen ungeachtet absoluter Größenordnungen im subjektiven Empfinden der Beschäftigten deutlich über den betrieblichen Angaben. Begründet liegt dies vor allem in einer grundsätzlichen Verlagerung betrieblicher Weiterbildung in die Freizeit der Beschäftigten.

Der enorme Unterschied in den Angaben zwischen den betrieblichen und den individuellen Aufwendungen an Zeitressourcen weist zum einen auf die unterschiedlichen Perspektiven von Betrieben und von Lernenden auf ihren Zeiteinsatz für Lernen hin und zum anderen auf die realiter deutliche Verlagerung beruflicher Weiterbildung in die Eigenverantwortung, will heißen:

Freizeit der Beschäftigten. Längst werden umfangreiche private Zeitanteile für berufliches Lernen betrieblicherseits genutzt (Schmidt-Lauff 2010, S. 358).

Berufliche Bildung findet demnach heutzutage nicht nur *während* der Arbeit, sondern vor allem *außerhalb* der Arbeit statt. Demzufolge ist eine „teilweise 'Zeitbeteiligung' während der arbeitsfreien Zeit […] in ca. 35% der west- und in ca. 45% der ostdeutschen Betriebe üblich" (Seifert 2003, S. 57) und erhöht damit den Druck auf den Einzelnen noch mehr.

4 Fazit

Betrachtet man nun das Konzept des lebenslangen Lernens in Hinblick auf die Konvergenz bzw. Divergenz ökonomischer und pädagogischer Handlungslogiken, muss zunächst einmal konstatiert werden, dass dieser Ansatz vordergründig in der Lage zu sein scheint die teils gegensätzlichen Positionen zu vereinen. Vor allem die Konflikte ökonomischer Zeitordnungen und pädagogischer Zeitmuster werden durch die Entgrenzung und Entzerrung betrieblicher Bildungsprozesse dahingehend abgeschwächt, dass Lernprozesse durch informelles und teils selbstgesteuertes Lernen in individueller Geschwindigkeit vollzogen und dem einzelnen Beschäftigten optimal angepasst werden können. So kann der Lernende größtenteils selbst beeinflussen, in welchem Tempo, in welcher Form und in welchem Zeitraum Lernziele erreicht werden sollen, während das Unternehmen gleichzeitig sicherstellt, dass Lernvorgaben überhaupt erfüllt werden.

Allerdings muss hier die Frage gestellt werden, in welchem Ausmaß diese Form der Mitbestimmung tatsächlich ermöglicht und zu welchem Preis diese Einflussnahme letztlich erkauft wird. So soll an dieser Stelle noch einmal an die zwanghafte Notwendigkeit erinnert werden, die den Arbeitnehmer in einer sich rasant verändernden Arbeitswelt dazu nötigt sich weiterzubilden, unabhängig davon ob dies freiwillig geschieht oder nicht. Letztlich wird jede betriebliche Entscheidung auf der Grundlage ökonomischer Überlegungen gefällt. Auch Entscheidungen im Sinne der Arbeitnehmer, die diesen vordergründig durch Konzepte lebenslangen Lernens Lernziele in die Eigenverantwortung und damit in die eigene zeitliche Disposition übergibt, werden nicht aus reiner Nächstenliebe, sondern vielmehr vor dem Hintergrund einer höheren Lerneffizienz und nachfolgend einer höheren Outcome-Verwertung getroffen. Bedenklich bleibt jedoch, dass die aufgrund des rasanten gesellschaftlichen und technischen Wandels steigenden Qualifikations- und Kompetenzanforderung in der heutigen Zeit nicht mehr nur durch Weiterbildung während der Arbeitszeit gestillt werden können, sondern jeder einzelne vielmehr zunehmend in die Pflicht genommen wird etwaige Fortbildungsmaßnahmen in die eigene Freizeit zu verlagern. Demnach steigen nicht nur die direkten Anforderungen am Arbeitsplatz selbst, auch indirekt werden die Mitarbeiter durch zusätzliche Lernbelastungen in ihrer Freizeit permanent gefordert.

Neuere Ansätze die die zunehmende Bedeutung einer Durchmischung von Erwerbs-, Freizeiten und Lernzeiten berücksichtigen sind Konzepte wie *Lernzeitkonten* oder *Time-Sharing*, die beiderseits „Möglichkeiten zur Implementation von LLL [lebenslangem Lernen]" (Faulstich 2003, S. 41) vorhalten, indem generell Zeitbudgets im Voraus für Lernprozesse reserviert werden.

Lernzeitkonten stellen im Wesentlichen Arbeitszeitkonten dar, deren Guthaben für berufliche Weiterbildung genutzt werden kann, wobei es sich bei dem nutzbaren Zeitguthaben entweder um „von den Beschäftigten angesparte Zeiteinheiten" oder um „Zeitgutschriften, die die Betriebe für Weiterbildung einbringen" (Seifert 2003, S. 58) handeln kann. Sollten sich gleichermaßen Arbeitgeber und Arbeitnehmer an der Bereitstellung bestimmter Zeiteinheiten für Weiterbildung beteiligen, definiert man dies als Time-Sharing. Besonders hier hängt der Modus einer Verteilung von Lernzeit auf Arbeits- bzw. Freizeit jeweils von innerbetrieblichen Absprachen ab, die umrahmt von tariflichen Grenzen durch das Unternehmen und den Arbeitnehmer direkt verhandelt werden. Neben Varianten bei denen Lernzeiten jeweils zur Hälfte durch beide Seiten getragen werden, sind heute auch eine Reihe von Alternativen gebräuchlich, die auf detaillierte Einstufungen von Lerninhalten zurückgreifen. So wird beispielsweise zwischen für den Betrieb als notwendig eingestufte Weiterbildung und durch den Mitarbeiter selbst initiierten Fortbildungsmaßnahmen unterschieden, um eine Zuweisung der jeweiligen Maßnahme in Freizeit oder Arbeitszeit vorzunehmen (vgl. Seifert 2003, S. 69ff). So wird bereits in vielen Fällen eine „Ausuferung" von lebenslangem Lernen in die Freizeit der Beschäftigten weitestgehend eingeschränkt, ohne dabei jedoch auf die Notwendigkeit einer fortwährenden Weiterbildung zu verzichten.

In diesem Sinne kann das Konzept des lebenslangen Lernens tatsächlich zu einer für das Individuum vorteilhaften Entzerrung notwendiger Bildungsinhalte führen, auch wenn es noch lange kein „Allheilmittel" (Schiersmann 2007, S. 71) darstellt. Sollten sich tatsächlich Modelle wie Lernzeitkonten oder Time-Sharing in der betrieblichen Weiterbildung durchsetzen, ist man mit Sicherheit auf einem guten Weg, den Herausforderungen zukünftiger Wandlungsprozesse zum Vorteil von Unternehmen und Beschäftigtem begegnen zu können.

Teil II

Lebenslanges Lernen und die Erosion der Normalbiographie

1 Einleitung

Mit dem Konzept des Lebenslangen Lernens wird heute eine Vielzahl an verschiedenen Inhalten verbunden. Nicht umsonst zeugen sehr unterschiedliche, teils auch gegensätzliche, Charakterisierungen von einer sehr ausgeprägten Heterogenität der Konzeptinterpretation: Neben dem Verständnis lebenslangen Lernens als „komplexes Phänomen" (Hof 2009, S. 30) über die Definition als „vereinfachende Substitutionsformel für Erwachsenenbildung" (Knoll 1998, S. 36) bis hin zur Degradierung des Begriffs als „leere Worthülse" (Gerlach 2000, S. 10) rechtfertigt vor allem die Vielfältigkeit lebenslangen Lernens im Sinne eines „eher diffuse[n] Begriff[s]" (Alheit/Dausien 2009, S. 565) die unterschiedliche Herangehensweise an diese Thematik.

Ungeachtet des vereinzelt sehr kontrovers geführten Diskurses, besteht heutzutage für jedes Individuum unzweifelhaft die absolute Notwendigkeit lebenslang zu lernen. Einerseits um den wirtschaftlichen Veränderungen im Hinblick auf die Verwertbarkeit der eigenen Arbeitskraft gerecht zu werden, andererseits um den gesellschaftlichen Veränderungen in Form des allgemeinen Trends zur Individualisierung Rechnung zu tragen. In diesem Sinne beinhaltet das Konzept des lebenslangen Lernens nicht nur eine bildungspolitische sondern vor allem auch eine biographische Perspektive, da Lernprozesse immer auch biographisch gerahmt (vgl. von Felden 2008, S. 109) und neue Lerninhalte stets mit bereits Gelerntem verknüpft werden (vgl. Alheit/von Felden 2009, S. 9).

Lernen und Biographie sind wechselseitig aufeinander bezogen, „ohne Biographie gibt es kein Lernen, ohne Lernen keine Biographie" (ebd., S. 9). Dies spiegelt sich auch in der zunehmenden Veränderung moderner Bildungs- und Erwerbsbiographien wieder, die sich immer mehr vom Konstrukt der Normalbiographie als Dreiteilung des normalbiographischen Lebenslaufs in Schul- und Ausbildungsphase, Erwerbsphase und Ruhephase (vgl. Kohli 1985, S. 1ff) zu entfernen scheinen. Immer häufiger sind Erwerbskarrieren durch einen Wechsel aus Arbeits- und Fortbildungsphasen, durch freiwillige oder unfreiwillige Berufsabbrüche, innovative Strategien des career-switching oder durch selbst gewähltes Abwechseln von Berufs und Familienphasen (vgl. Alheit/Dausien 2009, S. 570) gekennzeichnet, sodass heute nicht mehr von einer linearen beruflichen Karriere ausgegangen werden kann, sondern vielmehr Brüche und Neuorientierungen zur Normalität werden (vgl. Supiot 2000, S. 298).

Aus diesem Grund sollen in dieser Arbeit mögliche Aspekte dafür aufgezeigt werden, inwiefern gerade das Konzept des lebenslangen Lernens in Anbetracht der grundsätzlichen Wandlungstendenzen der Erwerbsarbeit zu einer Aufweichung der normalbiographischen Aufteilung des Lebenslaufes beigetragen hat. Zu diesem Zweck werden nach einem kurzen Abriss geschichtlicher Entwicklungsschritte zunächst die bildungspolitischen und biographischen Aspekte lebenslangen Lernens betrachtet, bevor im Anschluss näher auf das Konstrukt der Normalbiographie als „festes Gerüst der Lebensführung" (Kohli 1985, S. 19) eingegangen wird. Dabei soll vor allem der Blick auf die zeitliche Ordnung von Bildung und Lernen im Lebenslauf exemplarisch herangezogen werden, die partielle Aufhebung der Sequenzialität und Kontinuität des Normallebenslaufs durch lebenslanges Lernen für die heutige Zeit aufzuzeigen und damit die Erosion der Normalbiographie zu versinnbildlichen.

2 Lebenslanges Lernen

Wie der Begriff selbst schon andeutet beschränkt sich das Konzept des *lebenslangen Lernens* nicht nur auf das Lernen in der Jugendphase und dem frühen Erwachsenenalter, sondern bezieht sich ebenfalls auf das Lernen im weiteren Lebensverlauf und beleuchtet somit Lernaktivitäten, die sich über die gesamte Lebensspanne erstrecken (vgl. Brödel 2011, S. 235). Trivial formuliert könnte man sagen, dass jeder Mensch ein Leben lang lernt. Von den ersten Geh- und Sprechversuchen bis hin zur Eingewöhnung im Altersheim macht der Mensch jeden Tag neue Erfahrungen, erwirbt neues Wissen und neue Fähigkeiten (vgl. Alheit/Dausien 2009, S. 565). Doch auch wenn der einzelne vordergründig einen großen Teil seines Wissens und seiner Fertigkeiten vor allem in Schulen, Betrieben, Universitäten oder Einrichtungen der Weiterbildung erwirbt, sind es häufig gerade die informellen und nicht-formalen Lernprozesse, die ihn abseits curricularer Vorgaben formeller Bildungseinrichtungen voranbringen und ihn Entwicklungsfortschritte vollziehen lassen. Ist schon für den Schüler der *heimliche Lehrplan* – z.B. zu lernen das Zensurensystem strategisch zu nutzen, Mitschüler und Lehrer für sich zu gewinnen oder einfach nur in der Schule zu überleben – ähnlich bedeutsam für eine gelungene Schulkarriere wie die Erfüllung vorgegebener Leistungsanforderungen (vgl. Terhart 2008, S. 30), so werden ungeplante und teils unbewusste Lernprozesse im Lebensverlauf des nachfolgenden Erwachsenendaseins erst recht ebenso unabdingbar wie wegweisend den Erfolg oder Misserfolg des späteren Berufslebens beeinflussen. John Field spricht hier von der „University of Life" (Field 2006, S. 2), die uns jeden Tag aufs Neue Dinge lehrt, die weit über einen reinen Wissenserwerb hinausgehen. Angesprochen sind hiermit vor allem Lernprozesse, die alltäglich sozusagen en passant angestoßen werden, wie beispielsweise im Gespräch mit Freunden, beim Surfen im Internet, beim Fernsehen oder auch nur beim Ausprobieren von Neuem wenn wir nachdenken oder planen (vgl. Alheit/Dausien 2009, S. 565).

Dennoch erhielt der Begriff des lebenslangen Lernens erst „in der bildungspolitischen Diskussion der vergangenen 30 Jahre – und besonders während der zurück liegenden Dekade – [...] eine [derartig] strategische und funktionale Zuspitzung" (ebd., S. 565), die sich vor allem anhand deutlich dezidierterer Formulierungen der Kommission der Europäischen Gemeinschaft im Jahr 2000 zeigte. So beschränkte diese in ihrem *Memorandum über Lebenslanges Lernen* den Sinn und Zweck lebenslangen Lernens nicht mehr nur allein auf den ökonomischen Aspekt desselben, sondern bezog ganz im Gegenteil wieder alle Aktivitätsräume des Individuums in die Betrachtung mit ein, wobei lebenslanges Lernen grundsätzlich als „jede zielgerichtete Lerntätigkeit [definiert wurde], die einer kontinuierlichen Verbesserung von Kenntnissen, Fähigkeiten und Kompetenzen dient" (Kommission der Europäischen Gemeinschaften 2000, S. 3). Begründet wurde diese erweiterte Einschätzung um die Notwendigkeit lebenslangen Lernens mit den gesellschaftlichen und wirtschaftlichen Veränderungen im Hinblick auf die heutige wissensbasierte Gesellschaft und dem damit einhergehenden Zwang zur Stärkung der Wettbewerbsfähigkeit in Form einer unumgänglichen Verbesserung von Beschäftigungsfähigkeit und Anpassungsfähigkeit der Arbeitskräfte. Hierdurch konnte einerseits der zunehmenden Komplexität des sozialen und politischen Umfelds, andererseits dem individuellen Wunsch nach Selbstverwirklichung eine größere Bedeutung zugemessen werden (vgl. ebd., S. 5f).

Um beiden Herausforderungen begegnen zu können, hielt das Memorandum erstmalig ausdrücklich fest, dass sich lebenslanges Lernen nicht nur auf formale Lernprozesse in klassischen Bildungsinstitutionen, sondern ebenso auf nonformale Lernprozesse abseits herkömmlicher Bildungseinrichtungen (z.B. am Arbeitsplatz, in Vereinen und Verbänden) und auch auf informelle Lernprozesse in Form von nicht-intentionalem Lernen beziehen solle (vgl. ebd., S. 9f). Somit beschränkte sich das Konzept des lebenslangen Lernens nicht mehr länger nur auf den zeitlichen Aspekt von Lernprozessen (Lernen über die gesamte Lebensspanne), sondern brachte mit der Erweiterung des Begriffs auf ein „lebensumspannendes Lernen" auch die „räumliche" Ausdehnung des Lernens (Lernen in allen Lebensbereichen und –phasen) als weitere Dimension in die Diskussion ein (vgl. ebd., S. 10). Dem Vorgang des Lernens wurde damit sowohl für die Gesellschaft als ganze, wie auch für die Bildungsinstitutionen und die Individuen eine völlig neue Bedeutung zugemessen. Gleichzeitig führte jedoch die damit veränderte Konnotation des Begriffs zu einer durchaus ambivalenten Betrachtungsweise der daraus folgenden Konsequenzen:

> Das neue Lernen wird zunächst politisch-ökonomisch ´gerahmt´. Ziele sind Wettbewerbsfähigkeit, Beschäftigungs- und Anpassungskompetenz der ´workforce´. Gleichzeitig sollen aber auch die biographische Planungsfreiheit und das soziale Engagement der Individuen gestärkt werden. *Lebenslanges Lernen* (Hervorhebung im Original) ´instrumentalisiert´ und ´emanzipiert´ offenbar zugleich (Alheit/Dausien 2009, S. 566).

Lebenslanges Lernen sollte demnach nicht nur die Verwertbarkeit des Individuums im Hinblick auf seine Arbeitsleistung durch eine bessere und stetige Qualifizierung erhöhen, es sollte gleichzeitig auch jedem einzelnen eine größere Entscheidungsfreiheit und Wahlmöglichkeit im Hinblick auf seine persönliche und berufliche Entwicklung gewähren. Vor diesem Hintergrund muss das Konzept des lebenslangen Lernens im heutigen Diskurs unter verschiedenen Aspekten betrachtet werden, wobei an dieser Stelle vor allem auf zwei Perspektiven näher eingegangen werden soll: Einerseits auf die vorwiegend bildungspolitisch motivierte Beschäftigung mit den veränderten Bedingungen der Arbeits- bzw. Bildungsgesellschaft und ihren Konsequenzen für die gesellschaftliche Organisation individuellen und kollektiven Lernens, andererseits auf eine vielmehr pädagogisch interessierte Betrachtungsweise der Bedingungen und Möglichkeiten biographischen Lernens der Gesellschaftsmitglieder (vgl. ebd., S. 568).

2.1 Lebenslanges Lernen aus bildungspolitischer Perspektive

Betrachtet man das Konzept des lebenslangen Lernens zunächst aus bildungspolitischer Perspektive wird die öffentliche Diskussion um die Diagnose einer weltweiten Bildungskrise Ende der 1960er

Jahre oftmals als Ausgangspunkt angesehen, zu dem erstmals das herkömmliche Bildungssystem in Frage gestellt wurde (vgl. Hof, 2009, S. 33) Problematisiert wurde vorwiegend ein „veraltetes, starr strukturiertes, an althergebrachten Zielen festhaltendes, institutionen-fixiertes Bildungssystem, das ein inflexibles Wissen produziert[e], welches den komplexen Anforderungen [der damaligen] ´dynamischen´ Lebenswelt nicht angepasst [war]" (Gerlach 2000, S. 160f). Auch wenn der Amerikaner James Robbins Kidd bereits einige Jahre zuvor im Jahre 1959 den Begriff des lebenslangen Lernens in seiner Publikation *How Adults Learn* erstmals verwendet hatte, konnte sich anfangs weder der Terminus noch das Konzept selbst in Deutschland grundlegend durchsetzen (vgl. Siebert 2011, S. 26). Erst nach einer ersten intensiven jedoch kaum rezipierten Phase der Diskussion in den 1970er Jahren verlieh das verstärkte Engagement der EU in den 1990er Jahren der Idee des lebenslangen Lernens endgültig nachhaltigere Beachtung (vgl. Schiersmann 2007, S. 59). Im Gegensatz zu einem anfänglich sehr zurückhaltenden deutschen Umgang mit dem Konzept des lebenslangen Lernens, ist sich auf gesamteuropäischer Ebene bereits recht früh mit diesem Ansatz auseinandergesetzt worden. So präsentierte der Europarat unter Bezugnahme auf das durch die UNESCO 1970 proklamierte internationale Jahr der Erziehung nur wenige Monate später seine Studien und Gutachten zu unterschiedlichen Aspekten dieser Thematik in der Publikation *Per-*

manent Education. Fundamentals for an integrated educational policy, die länderübergreifend von verschiedenen Bildungsexperten seit den 1960er Jahren ermittelt worden waren (vgl. ebd., S. 60). Geworben wurde hier erstmals für ein „flexibles System von Lerneinheiten verbunden mit freier Zeiteinteilung in einer möglichst großen Wahlfreiheit für alle Lernzeiten im Laufe des Lebens" (ebd., S. 60), das in seiner Grundidee mehr in Form von grundsätzlichen konzeptionellen Ansprüchen formuliert worden ist, als dass es konkrete Lösungsmöglichkeiten in Bezug auf eine praktische Umsetzung vorgab. Erst in den 1990er Jahren – und damit eine Dekade später – widmete man sich dieser Thematik innerhalb der neu gegründeten EU wieder intensiver und einzelne Inhalte konnten weiter konkretisiert werden. Während eine inhaltliche Fokussierung auf das Konzept des lebenslangen Lernens bereits durch die Veröffentlichung zweier Weißbücher der Europäischen Kommission 1994 und 1996 angedeutet wurde, gipfelte die Priorisierung dieses konzeptionellen Ansatzes vor allem in der offiziellen Ausrufung des Jahres 1996 als dem Jahr des lebensbegleitenden Lernens. Vor allem im Weißbuch von 1996 *Lehren und Lernen – auf dem Weg zur kognitiven Gesellschaft* wurden drei zentrale gesellschaftliche Umwälzungen beschrieben, denen einerseits durch die Förderung der Allgemeinbildung und andererseits durch die Entwicklung der Eignung zur Beschäftigung entgegen getreten werden sollte: Dem Wandel der Gesellschaft zur Informationsgesellschaft, der Globalisierung der Wirtschaft und der Veränderung hin zur wissenschaftlich-technischen Zivilisation (vgl. Europäische Kommission 1996, S. 25). Ausgegeben wurde das Leitziel die Europäische Union bis zum Jahr 2010 zum wettbewerbsfähigsten und dynamischsten wissensbasierten Wirtschaftsraum der Welt zu machen (vgl. Meilhammer 2009, S. 28). Aus modernerer Perspektive hingegen können diese gesamtgesellschaftlichen und zuvor noch sehr allgemein formulierten Umwälzungen innerhalb der postindustriellen Gesellschaften westlicher Staaten wesentlich konkreter gefasst und auf einige wenige grundlegende Entwicklungstrends reduziert werden, die Ende des 20. Jahrhunderts zu einem derartigen „Paradigmenwechsel der Bildungsprogrammatiken" (Alheit/Dausien 2009, S. 569) führten: *a)* Die grundsätzliche Veränderung der Arbeit, *b)* die neue Bedeutung der Ressource Wissen, *c)* das Versagen herkömmlicher Bildungsformen und *d)* der Trend einer zunehmenden Individualisierung.

2.1.1 Die Veränderung der Arbeit

Einhergehend mit dem Wandel der modernen Gesellschaft von einer industriellen hin zu einer wissensbasierten Gesellschaft änderte sich auch die Erwerbsarbeit in der zweiten Hälfte des 20. Jahrhunderts gravierend. Neben einer deutlichen Reduzierung der durchschnittlichen Arbeitszeit in den letzten einhundert Jahren (vgl. Hall 1999, S. 427) fand ebenfalls „eine massive Umverteilung der Arbeitsplätze vom industriellen in den Dienstleistungssektor" (Alheit/Dausien 2009, S. 570) statt. Damit wandelte sich nicht nur das grundsätzliche Verhältnis von Arbeit zu Freizeit, sondern auch die Qualität der Arbeit selbst nahm eine völlig neue Dimension an. Der technologische Fortschritt führte immer mehr dazu, „dass die Vorstellung eines konsistenten ´Arbeitslebens´ […] endgültig der Vergangenheit angehört[e]" (ebd., S. 570) und der durchschnittliche Arbeitnehmer eben nicht mehr wie früher davon ausgehen konnte, den einmal erlernten Beruf ein Leben lang auszuüben. Durchschnittlich erwerbstätig zu sein beinhaltete damit vielmehr auch „Wechsel von Arbeits- und Fortbildungsphasen, freiwillige und unfreiwillige Berufsabbrüche, innovative Strategien des *career switching* (Hervorhebung im Original) [oder] selbst gewähltes Abwechseln von Berufs und Familienphasen" (ebd., S. 570). Lebenslanges Lernen wurde nachfolgend zur Obligation, zur „ökonomisch induzierte[n] und damit individuell nicht steuerbare[n] Anpassungsnotwendigkeit[..] […], die aus wirtschaftlichen Imperativen heraus den instrumentellen Charakter des lebenslangen Lernens und die qualifikatorische Weiterbildungspflicht der Individuen [noch heute] betont" (Kade/Seitter 1998, S. 2f).

2.1.2 Die neue Funktion der Ressource Wissen

Wissen ist in der heutigen postindustriellen Informationsgesellschaft zu einer strategischen Ressource, zu einer Quelle des ökonomischen Mehrwerts geworden, die zunehmend ins Zentrum der Gesellschaft und ihrer Analyse rückt (vgl. Kübler 2009, S. 26). Da Wissen nicht nur deutlich rascher akkumuliert, sondern auch in seiner wirtschaftlichen Verwertbarkeit wesentlich kurzlebiger geworden zu sein scheint (vgl. Biffl 2007, S. 6), ist der „Charakter von ´Bildung´ und ´Lernen´ dramatisch verändert worden" (Alheit/Dausien 2009, S. 571).

> Es geht nicht mehr um die Vermittlung und Weitergabe feststehender Wissensbestände, Werte oder Fertigkeiten, sondern um eine Art ´Wissensosmose´, um den auf Dauer gestellten Austausch von individueller Wissensproduktion und organisiertem Wissensmanagement (ebd., S. 571).

Der einzelne ist immer mehr zu einer stetigen Anpassung an den jeweiligen Stand der Dinge gezwungen wobei auch moderne Phänomene des IT-Zeitalters wie das Internet mit seinen schier grenzenlosen Möglichkeiten der Wissens- und Informationsanreicherung nicht über den zwanghaften Charakter einer individuellen Weiterbildung im Sinne lebenslangen Lernens hinwegtäuschen können. Deutlich wird hier vor allem die „Obligation" (Kade/Seitter

1998, S. 2) lebenslangen Lernens, die aus Sicht vieler Individuen eher aus rein ökonomischen Motiven heraus verpflichtend wirkt, als dass sie aus eigenem freiwilligen Wissensdurst Zeit für vorwiegend berufsbedingte Bildung opfern lässt. Der Zugewinn an Wissen gilt nach wie vor als „Motor gesellschaftlicher Entwicklung" (Unger 2009, S. 27), der ohne Rücksicht auf persönliche Prädispositionen und individuelle Interessenslagen ein lebenslanges Lernen unerlässlich macht, ohne welches der einzelne nicht in der Lage ist seinen aktuellen Status quo zu halten geschweige denn zu verbessern.

2.1.3 Die Dysfunktionalität klassischer Bildungsorganisation

Allerdings stellt jene Notwendigkeit lebenslangen Lernens die „klassischen Organisationen von Lehr-Lern-Settings" vor enorme Herausforderungen, da die „schlichte Ausdehnung primärer ´Beschulung´ ohne die drastische Veränderung der Rahmenbedingungen und der Qualität des Lernprozesses […] bei einer Mehrzahl der Betroffenen zu Motivationsverlust und zu einer instrumentellen Einstellung zum Lernen [führt]" (Alheit/Dausien 2009, S. 571) und damit eben nicht den intrinsischen Wunsch nach Lernen im weiteren Lebensverlauf stärkt, sondern eher schwächt. Die zwischenzeitlich in zunehmendem Maße vor allem in der betrieblichen Weiterbildung verwirklichten arbeitsnahen Lernformen wie

Lernstätten oder Lerninseln (vgl. Dehnbostel 2010, S.76f) zeigen heute sehr deutlich, auf welche Art und Weise lernförderliche Maßnahmen wie Gruppenarbeit, Projektarbeit oder Qualitätszirkel dazu genutzt werden können eine bessere Praxisnähe und Gestaltungsflexibilität, einen höheren Lerntransfer und eine stärkere Bedarfsorientierung zu erreichen, um neben ökonomisch orientierten Handlungszielen auch das Individuum und die Befriedigung seiner Bedürfnisse zu fördern (vgl. Schiersmann 2007, S. 90ff). Hier werden im Hinblick auf die Unerlässlichkeit lebenslangen Lernens bereits die „Situation und die Voraussetzungen der *Lernenden* (Hervorhebung im Original)" (Alheit/Dausien 2009, S. 571f) berücksichtigt, um innerhalb geeigneter Lernumwelten gezielt das Lerninteresse und den Lernerfolg zu stimulieren. So wird in einer Vielzahl an Betrieben längst umgesetzt, was die Europäische Kommission bereits zum Jahrtausendwechsel unter dem Begriff „lebensumspannendes Lernen" (Kommission der Europäischen Gemeinschaften 2000, S. 10) im Sinne einer Erweiterung des Konzeptes des lebenslangen Lernens verstanden hat.

2.1.4 Die Wissensgesellschaft und der Trend zur Individualisierung

Die Anforderungen an die Individuen haben sich in der zweiten Hälfte des 20. Jahrhunderts nicht nur in Bezug auf ökonomische Faktoren, sondern auch im Hinblick auf soziale und kulturelle Wandlungsprozesse verändert (vgl. Alheit/Dausien 2009, S. 572). Ausgelöst durch eine kaum überschaubare Zunahme an Informations- und Konsumangeboten ist jeder einzelne heute gezwungen, sich einer „mit der Veränderung der materiellen Lebensverhältnisse verbundene[n] Ausuferung [von] Wahlmöglichkeiten" (Schulze 2005, S. 55f) zu stellen. Nicht nur, dass durch diese schier grenzenlose „Erweiterung des Möglichkeitsraumes" (ebd., S. 56) zukünftige Lebensverläufe immer weniger planbar und vorhersagbar werden, auch das Risiko von Fehlentscheidungen wird immer mehr auf das Individuum selbst verlagert. Während jedes Gesellschaftsmitglied demnach einerseits mit größeren individuellen Freiheiten ausgestattet wird und andererseits gleichzeitig mit dem Risiko der Unsicherheit behaftet bleibt, lanciert das lebenslange Lernen heute zu einer Art notwendigen Rückversicherung, um eben genau jene Ungewissheiten und Risiken abzusichern (vgl. Kade/Seitter 1998, S. 4). Moderne Gesellschaften scheinen angesichts solcher Individualisierungsprozesse immer mehr zu „Lerngesellschaften" (Alheit 1997, S. 37) zu werden, innerhalb derer zwangsläufig die stetige Obligation zum Lernen vorausgesetzt wird. Damit bringt dieser „*Trend zur 'Individualisierung'* [seit Jahren] eine neue Akzentuierung der personalen Identitätsbildung" und führt in der Folge „zu einer stärkeren Auseinanderentwicklung und zu einer *größeren Verschiedenheit der Menschen* (Hervorhebungen im Original) und ihrer

Lebensplanungen, Lebenswege, Berufslaufbahnen, Einstellungen etc." (Dohmen 1998, S. 12). Um einem solchen Trend jedoch adäquat begegnen zu können erfordert der Umgang mit derart veränderten Verhältnissen die Erlangung völlig neuer flexibler Kompetenzstrukturen wie sie nur in lebenslangen Lernprozessen hervorgebracht und entwickelt werden können (vgl. Field 2006, zit. n. Alheit/Dausien 2009, S. 573).

2.2 *Lebenslanges Lernen als biographischer Bildungsprozess*

Wie die Bezeichnung ´lebenslang´ bereits andeutet, wird lebenslanges Lernen biographisch gerahmt (vgl. von Felden 2008, S. 109). Unabhängig von Ort und Form des Lernprozesses, sei es in Schulen, Universitäten oder beruflichen Lernumgebungen, sei es auf formelle oder informelle Art und Weise, „immer ist es unsere je eigene Art, zu lernen und Neues mit dem bereits Gelernten zu verknüpfen, die das Lernen ausmachen" (Alheit/von Felden 2009, S. 9). Daher gehört es auch zur besonderen „Eigenart der *Biographie* (Hervorhebung im Original), dass institutionell und gesellschaftlich spezialisierte und separierte Erfahrungsbereiche im Prozess der lebensgeschichtlichen Erfahrungsaufschichtung integriert und zu einer besonderen Sinngestalt (neu) zusammengefügt werden" (Alheit/Dausien 2009, S. 574). Alheit fasst dies in Anlehnung an Martin Kohli

(1988) unter dem Begriff ´Biographizität´ zusammen und nimmt damit gleichermaßen Bezug auf den Zwang und die Chance das Leben eigenhändig und individuell zu gestalten (vgl. Alheit 2006, S. 5). In diesem Sinne bleibt lebensgeschichtliches Lernen einerseits stets an den Kontext einer konkreten Biographie gebunden, wobei es gleichzeitig auch „die Voraussetzung oder das Medium [darstellt], in dem biographische Konstruktionen sich überhaupt als reflexive Erfahrungsgestalt herausbilden und verändern können" (Alheit/von Felden 2009, S. 9), andererseits ist es zugleich in „gesellschaftliche[n] Strukturen und kulturelle[n] Deutungskontexte[n]" (Alheit/Dausien 2009, S. 574) verhaftet innerhalb derer jeder einzelne seine Erfahrungen eigenständig deutet und ihnen einen biographischen Sinn zuschreibt. Biographie und Lernen sind demnach derartig wechselseitig miteinander verwoben, sodass es „ohne Biographie […] kein Lernen, ohne Lernen keine Biographie" (Alheit/von Felden 2009, S. 9) gibt.

2.2.1 Prozesse der Selbst-Bildung

Eine Vielzahl an Lernprozessen im Leben eines Individuums findet ohne Beteiligung des Bewusstseins, zumeist beiläufig und ohne gezielte Lernabsicht statt (vgl. Winkel et al. 2006, S. 209). Erst im Nachhinein „formieren sich [diese Lernprozesse] zu Erfahrungsmustern und Handlungsdispositionen, ohne dass [sie] in jedem Fall explizit reflektiert werden" (Alheit/von Felden 2009, S. 10). Implizites Lernen führt zur Bildung von impliziten Wissen, das ein Leben lang innerhalb und außerhalb institutioneller Bildungseinrichtungen erworben werden kann und das letztlich „zu einem Prozess der passiven Verinnerlichung von Verhaltensmustern auf der Ebene einer unbewussten Verhaltenssteuerung" (Kirchhof 2007, S. 36) führt und im Ergebnis das eigene Handeln, Urteilen und Wahrnehmen maßgeblich prägt. Es entstehen somit „übergeordnete[.] generative[.] Handlungs- und Wissensstrukturen" (Alheit/von Felden 2009, S. 10), die im Sinne einer „Habitualisierung von Verhalten und Fähigkeiten" (Kirchhof 2007, S. 36) oder einer „biographische[n] ´Lerndisposition[..]´" (Field, 2006, zit. n. Alheit/von Felden 2009, S. 10) den „*biographischen Wissensvorrat* (Hervorhebung im Original) einer Person" (Alheit/Dausien 2009, S. 579) bilden. Auf diesen *Vorrat* greifen wir zurück, wenn wir im alltäglichen Leben auf Hindernisse stoßen und wenn wir „in unserer biographisch gewachsenen Wissenslandschaft [nach Problemlösungen suchen], ohne dabei jeden einzelnen Schritt, jede Wegbiegung und jedes Wegzeichen bewusst zu bedenken" (Alheit/von Felden 2009, S. 10). Jeder Mensch ist grundsätzlich in der Lage verschiedene Ebenen dieser Wissenslandschaft zu nutzen, auf das hier vorhandene präreflexive Wissen zurückzugreifen, es bewusst zu bearbeiten und zu verändern. Letztlich sind es dann vor allem die „individuelle[n] Bedeutungszuschreibungen [dieser] Reflexionsprozesse" (Straßer 2007, S. 271), die als

„Momente von Selbst-Bildung" interpretiert werden können und damit „selbstverständlich Ausdrucksformen lebenslangen Lernens" (Alheit/Dausien 2009, S. 579) darstellen.

2.2.2 Soziale Kontextualität biographischen Lernens

Biographische Lernprozesse finden jedoch nicht nur innerhalb des Individuums selbst statt, sondern erfordern Interaktionspartner sowie ein spezifisches Umfeld, um in Auseinandersetzung mit anderen sich selbst erkennen und seine Identität herausbilden zu können (vgl. Ecarius 1999, S. 97). Sie sind damit „keine Einzelaktionen des Individuums mit einem Gegenstand, sondern eingebunden in die Interaktion, Reibung und Auseinandersetzung mit Milieus und sozialen Räumen" (Ostermann-Vogt 2011, S. 98), die unter bestimmten Bedingungen auch als „´Lernumwelten´" (Alheit/von Felden 2009, S. 11) analysiert werden können. Hier ist vor allem das Wechselverhältnis von Individuum, Interaktionspartner und Lernort, „das interaktive Klima [entscheidend], welches Einfluss auf den individuellen Lernprozess [hat] und die Anschlussmöglichkeiten an vorhandene Lebenslagen und biographische Erfahrungen" (Grunert 2012, S. 186) maßgeblich beeinflusst. Aus der Perspektive lebenslangen Lernens sind es hier vor allem Begriffe wie *„erfahrungsorientiertes, lebensweltliches Lernen* oder *Lernen in Kontexten* (Hervorhebungen im Original) […], die diesem Aspekt des Lifelong Learning Rechnung tragen" (Alheit/von Felden 2009, S. 11).

2.2.3 Individualität biographischen Lernens

Auch wenn biographisches Lernen innerhalb einer sozialen Rahmung demnach vorwiegend durch interaktive Wechselwirkungen erzeugt wird, folgt es dennoch „einer individuellen Konstruktionslogik, die in einer Erfahrungsstruktur aufgeschichtet wird" (Ostermann-Vogt 2011, S. 99). Diese biographischen Strukturen bestimmen wesentlich die Art und Weise, in der neue Erfahrungen gebildet und in einen biographischen Lernprozess eingefügt werden (vgl. Alheit/von Felden 2009, S. 11) und stellen damit gleichzeitig „Erfahrungsreservoir und Sinnhorizont für neue Erlebnisse wie auch alltägliches Handeln" (Ecarius 1999, S. 98) dar. Im Zusammenhang lebenslangen Lernens gebräuchliche Begriffe wie selbstorganisiertes, selbstbestimmtes, selbstgesteuertes oder selbst-direktives Lernen (vgl. Straka 1997; Dohmen 2001) müssen allerdings kritisch hinterfragt werden, da sie „suggerieren, dass Lernen und Bildung als autonomer und reflexiver Prozess erfolgen" (Ostermann-Vogt 2011, S. 99) und gewünschte Lernergebnisse durch vollkommene Selbststeuerung mühelos möglich sind. Hierbei wird oftmals die Komplexität biographischer Reflektionsprozesse unterschätzt.

> Biographische Bildungsprozesse verlaufen auf eigenwillige Weise, sie ermöglichen unerwartete Er-

fahrungen und überraschende Transformationen, die oft vom ´Lerner´ selbst nicht vorgesehen waren oder erst im Nachhinein ´verstanden´ werden, aber dennoch eine eigene ´Richtung´ verfolgen (Alheit/Dausien 2009, S. 580).

Dementsprechend schließen diese oftmals durch das Individuum erst retrospektiv begriffenen Ergebnisse der Auseinandersetzung mit einer sich verändernden Welt automatisch zuvor begangene Um- und Irrwege sowie Sackgassen mit ein (vgl. Herzberg 2004, S. 310). Um dieser Problematik gerecht zu werden, charakterisiert Kade deshalb diese Struktur von Bildungsprozessen als „diffuse Zielgerichtetheit" (Kade 1985), wodurch in der Folge vor allem lebenslange Lernprozesse als „nicht rationalisierbare Suchprozesse" (Kade/Seitter 1996, S. 250) verstanden und noch pragmatischer als „´eigensinnige[.]´ subjektive[.] Aneignung von Lernangeboten" (Alheit/Dausien 2009, S. 574) bezeichnet werden.

2.3 „Curriculares" und „lebensgeschichtliches" Lernen

Verknüpft man nun die eher bildungspolitische Unterscheidung verschiedener Lernsettings in formale, nicht-formale oder informelle Lernarrangements mit der biographietheoretischen Perspektive des individuellen Lernens, ergeben sich vor allem dann auffallende Gemeinsamkeiten, wenn diese „nicht als Typologie von Lernprozessen interpretiert, sondern auf die Strukturen und Rahmungen der jeweiligen *Lernkontexte* (Hervorhebung im Original) bezogen [werden]" (Alheit/Dausien 2009, S. 574). Nur ein geringer Teil von Lernprozessen findet institutionalisiert in formalisierten Lernsettings statt, dennoch strukturieren gerade jene Bildungsinstitutionen den „Möglichkeitsraum lebenslangen Lernens" (Kade/Seitter 1996, S. 18) für biographische Lernprozesse und formen damit auch die „historisch-kulturellen Vorstellungen von *Biographie* (Hervorhebung im Original), in deren Rahmen die Subjekte ihre Erfahrungen deuten und biographischen Sinn erzeugen" (Alheit/Dausien 2009, S. 574). Deutlich wird dies anhand der Institution des Lebenslaufs, der letztlich das „formale ´Gerüst´ [liefert], an dem sich die biographischen Bildungsprozesse orientieren" (ebd., S. 575). Innerhalb jeder Gesellschaft existieren bestimmte Normen, Werte und Erwartungshaltungen, die sich generalisiert auf die Lebensführung und den Lebensverlauf des Individuums beziehen und in diesem Sinne gewisse Ideal-Schemata vorgeben, wie und in welcher Reihenfolge das Leben des einzelnen und damit auch seine Lernprozesse zu verlaufen haben. Schulze spricht hier von einem „Curriculum" des Lebens und in demselben Zusammenhang auch von „curricularem Lernen", das sich maßgeblich an den Abschlüssen und Lernzielen institutioneller Bildungseinrichtungen orientiert (vgl. Schulze 1993, S. 206). Demgegenüber stellt er das „lebensgeschichtliche Lernen" (ebd., S. 206), das vielmehr biographischen Regeln folgt (vgl. Alheit/Dausien 2009, S. 575) und nicht anhand einer „durchdachten Systematik, sondern eher durch herausgehobene Gelegenheiten" (Schulze 1993, S. 206) eingeleitet wird. Es ist damit „nicht auf eine [bestimmte] Lernsituation ausgerichtet, sondern steht in Bezug zur Gesamtheit des erfahrenen Lebens und des biographischen Selbstkonzeptes" (Ecarius 1999, S. 101). Auch wenn das lebensgeschichtliche Lernen „sowohl in Hinblick auf die zeitliche Abfolge wie auf die inhaltlichen Verknüpfungen" des Lernens diskontinuierlich verläuft, kann es sich dennoch nie völlig von jenem Lebens-Curriculum lösen, das innerhalb der „Chronologie des Lebenslaufs [stets] eine bestimmte Anordnung und Aufeinanderfolge von Lernanlässen" (Schulze 1993, S. 206) sichert und damit maßgeblich von jenem beeinflusst wird.

In der Folge soll nun ein solches „Lebens-Curriculum" in Form des Modells der *Normalbiographie* nach Martin Kohli (1985) als „Ermöglichkeitsraum" (Hardering 2011, S. 80) curricularen und lebensgeschichtlichen Lernens vorgestellt werden, bevor ein etwaiger Einfluss lebenslangen Lernens auf die Veränderung moderner Lebensverlaufsmuster und eine daraus resultierende Erosion der Normalbiographie beurteilt wird.

3 Die Normalbiographie

Erwerbsverläufe sind in der bundesdeutschen Nachkriegsgeschichte in hohem Maße durch Normierungen gekennzeichnet, die in der Folge seit den 1950er Jahren berufliche Lebensverläufe stetig anglichen bzw. typische Muster ausbildeten und die durch Regelungen wie eine gesetzliche Schulpflicht, standardisierte betriebliche Karrieremuster (stellvertretend hier die Beamtenlaufbahn) oder tarifliche Maßnahmen gerahmt wurden und teils noch werden (vgl. Pongratz 2004, S. 27). Martin Kohli (1985) fasste dieses Phänomen als *Institutionalisierung des Lebenslaufs* und präzisierte dies im Konzept der Normalbiographie. Gemeint ist hiermit „einerseits ein statistisch dominanter Typ von (je männlichen und weiblichen) Lebensläufen wie auch die normgerechte Ausprägung dergleichen" (Hardering 2011, S. 80), die sich vor allem im musterhaften Dreierschritt des Lebenslaufs eines durchschnittlichen Individuums von Ausbildung – Erwerbsphase – Ruhephase zeigte. Allerdings wird bis heute der fiktionale Charakter einer solchen Normalbiographie unterstrichen. Tatsächlich konnte nur für einen sehr eingeschränkten Zeitraum während des deutschen Wirtschaftswunders für eine ganz spezifische Gruppe von männlichen Industriearbeitern die statistische Dominanz einer Normalbiographie nachgewiesen werden, vor allem weil „unbezahlte Frauenarbeit die häuslich familiäre Reproduktion zumindest in ihren Kernbereichen sicherte und den

Normalarbeitern [...] den Rücken freihielt" (Bolder 2004, S. 17). Aus diesem Grund unterschied Bolder in der Folge zwischen *Ideal-* und *Realtypus* der Normalbiographie (vgl. ebd., S. 18ff) und befand deren kurzes Übereintreffen lediglich als vorübergehende Erscheinung, wodurch die Normalbiographie für ihn zum Idealtypus wurde, deren Funktion die Darstellung eines Fixpunktes bleiben sollte um Abstandsmessungen zu den realen Verhältnissen vornehmen zu können (vgl. ebd., S. 18).

Schwierig bleibt bis heute die eindeutige Unterscheidung des Begriffs der Normalbiographie in Abgrenzung zu dem bisher in dieser Arbeit nahezu synonym verwendeten Begriff des Lebenslaufs. Zieht man Alois Hahns Differenzierung Ende der 1980er zurate, gibt der Lebenslauf vor allem die „´objektiven´ Merkmale von Lebensverläufen, wie z.B. Geburt, Schulbildung, Beruf, Berufswechsel usw." wieder, während die Biographie für die „`subjektive´ Seite und damit für die individuelle Interpretation des Lebens entlang dieser äußeren Merkmale" (Hahn 1987, zit. n. Hardering 2011, S. 81) steht. Da im Gebrauch des Begriffs der Normalbiographie jedoch gerade nicht ausschließlich auf die Individualbiographie selbst, sondern vorrangig auf das „Allgemeine" und die „Deutungsstrukturen, die diesen Individualbiographien gemein sind" (Hardering 2011, S. 81) abgezielt werden soll, muss nachfolgend noch einmal genauer auf eine Differenzierung beider Begriffe eingegangen werden.

3.1 Die Normalbiographie als Lebenslauf- und Biographiemuster

Deutlich präziser fasst Kohli den Unterschied von Normalbiographie und Lebenslauf. Erst durch die zunehmende Institutionalisierung des Lebenslaufs habe sich in der Moderne eine Normalbiographie herausgebildet, die überhaupt erst eine „Erwartbarkeit" (Diewald 2010, S. 32) ermöglichen konnte. Kohli erachtete den Lebenslauf als soziale Institution, den er als „eigenständige gesellschaftliche Strukturdimension" (Kohli 1985, S. 1) verstand und dem er fünf spezifische Charakteristika zuschrieb: a) *Verzeitlichung*: Lebensphasen werden nicht mehr als kategorialer Status sozial definiert, sondern anhand des chronologischen Alters abgelesen und durch dieses geregelt bzw. begrenzt. b) *Chronologisierung*: Eine Vergesellschaftung des Individuums erfolgt nicht mehr über die Zuordnung zu Altersgruppen, sondern über das chronologische Alter. c) Der Lebenslauf wird in diesem Sinne zu einem „Vergesellschaftungsprogramm, das an den Individuen als eigenständig konstituierten sozialen Einheiten ansetzt" (ebd., S. 3) und damit dem einzelnen die Herauslösung aus ständischen und lokalen Bindungen, seine *Individualisierung* erst ermöglicht. d) Der Lebenslauf ist eine *Kerninstitution der Arbeitsgesellschaft*, da wesentliche Impulse zur Strukturierung desselben vom Erwerbssystem ausgehen, das automatisch eine grobe Aufteilung des Lebensverlaufs in „Vorbereitungs-, Aktivitäts- und

Ruhephase" (ebd., S. 3) vornimmt. e) Damit regelt der Lebenslauf nicht nur den "sequentiellen Ablauf des Lebens", sondern strukturiert gleichzeitig auch die "lebensweltlichen Horizonte bzw. Wissensbestände, innerhalb derer Individuen sich orientieren und [...] Handlungen planen" (ebd., S. 2).

Auffällig an diesen spezifischen Charakteristika des Lebenslaufs ist damit bereits hier die im Gegensatz zu Hahn teilweise Verschmelzung objektiver Perspektiven im Hinblick auf strukturierte Regelungen einerseits, die "ihn als Ablauf bestimmter Sequenzen und Karrieren konstituieren" und subjektiven Perspektiven des Individuums andererseits, die ihn in der "Lebenswelt [des einzelnen] als normativen Orientierungsrahmen [des] Handelns" (Scherger 2007, S. 21) erleben. Noch deutlicher konkretisiert Kohli diesen Aspekt anhand dreier Schlagwörter, unter denen er die angesprochenen fünf Dimensionen des Lebenslaufs zusammenfasst:

> 1. Kontinuität im Sinne einer verlässlichen auch materiell gesicherten Lebensspanne; 2. Sequenzialität im Sinne eines geordneten (und chronologisch festgelegten) Ablaufs der wesentlichen Lebensereignisse; und 3. Biographizität im Sinne eines Codes von personaler Entwicklung und E-mergenz (Kohli 1988, S. 37).

Diese drei Gesichtspunkte erscheinen auf den ersten Blick insofern widersprüchlich, als dass sowohl die Kontinuität als auch die Sequenzialität des Lebenslaufs durch die individuelle "Verpflichtung [das eigene] Leben teleologisch zu ordnen" und einer eigenen „Entfaltungslogik" (Kohli 1994, S. 221) unterzuordnen, aufgehoben und damit das „chronologische Korsett" (Kohli 1985, S. 24) gesprengt werden könnte. Es fällt auf, dass „hier sowohl Aspekte dessen, was üblicherweise als Lebenslauf angesprochen wird, wie auch Aspekte der Biographie als sinnhafter Konstruktion ihren Raum finden" (Hardering 2011, S. 82). Kohli spricht gleichzeitig von einem Muster des Lebenslaufs *und* einem Muster biographischer Deskription und sieht die Aufgabe der Biographieforschung vornehmlich darin, in „das Grundkonzept von Biographie als Orientierungsmuster [...] die dichotome Begrifflichkeit `objektive Struktur´ - ´subjektive Verarbeitung´ [zu] integrieren" (Fischer/Kohli 1987, S. 29). Damit ist es gerade dieses Verständnis von Lebenslauf und Biographie – beides genau zwischen Strukturalismus und Subjektivismus anzusiedeln –, das uns heute den Begriff der Normalbiographie oftmals synonym mit demjenigen des Lebenslaufs verwenden lässt, und das gleichzeitig Kohlis Abneigung gegen die Unterscheidung des Lebenslaufs als objektive und die der Biographie als subjektive Betrachtungsweise deutlich macht (vgl. Hardering 2011, S. 83). Dennoch bietet es sich nach Hardering aus einer analytischen Perspektive an, „die Differenz dieser beiden Strukturierungsmuster aufrechtzuerhalten", da sich nur auf diese Weise „die Möglichkeit einer klaren Differenzierung zwischen der [äußeren] Strukturiertheit von Lebensläufen und der sinnhaften Konnotation" (ebd., S. 84) eröffnet, die vor allem bei der Untersuchung etwaiger Konsequenzen sich verändernder Lebenslaufmuster in Hinblick auf die gleichzeitige Veränderungen von Biographiemustern von Bedeutung sind. Greifbar wird dies vor allem am Beispiel der bereits mehrfach angesprochenen Wandlungstendenzen der Erwerbsarbeit, die eine Kontinuität des Lebenslaufs seit Längerem in Frage stellen und die Kohli unter dem Begriff der De-Institutionalisierung zusammenfasst (vgl. Kohli 1994, S. 219f).

3.2 Die De-Institutionalisierung des Lebenslauf und die Erosion der Normalbiographie

Seit etwa Mitte der 1960er Jahre lassen sich innerhalb der Erwerbsarbeit Tendenzen beobachten, die das Muster des institutionalisierten Lebenslaufs zunehmend unterlaufen (vgl. Hohm 2000, S. 152). Vor allem durch eine „Verkürzung der Erwerbsarbeitszeit, [einem] Wandel der Qualität der Arbeit hin zu einer ´ganzheitlichen Nutzung´ der Individuen sowie [einer] Zunahme prekärer Beschäftigungsformen" (Hardering 2011, S. 92) kommt es zu einer „partielle[n] Auflösung der bisher institutionalisierten Verlaufsmuster des Lebens" (Kohli 1994, S. 232), die gleichzeitig mit einem Verlust der Vorhersehbarkeit und Strukturiertheit von Lebensverläufen einhergeht und damit die Möglichkeit der Planbarkeit der Zukunft erheblich einschränkt. Übergreifende Orientierungsrahmen sowie „traditionale Sicherheiten im Hinblick auf Handlungswissen, Glauben und leitende Normen" (Beck 1986, S. 206) schwinden stetig und setzen den einzelnen einerseits unter Individualisierungszwang, andererseits eröffnen Sie ihm zusätzliche Freiheiten. Denn „wo keine eindeutigen Karrierelogiken vorliegen, können Karrierepläne [...] immer umgestellt oder revidiert werden" (Hardering 2011, S. 93). Während Beck sich diesem Zwang zur „Selbstgestaltung und Selbstinszenierung" (Beck 1986, S. 14) mit dem Begriff des „Planungsbüros" (ebd., S. 217) zu nähern versucht, der vor allem auf die Abverlangung aktiver Koordinationsleistungen abzielt, da „der Rekurs auf ehemalige Selbstverständlichkeiten nicht mehr gegeben ist" (Hardering 2011, S. 93), fasst Kohli die Folgen des Rückgangs von Lebensmustern unter der „Biographisierung der Lebensführung" (Kohli 1994, S. 232) zusammen und meint damit „den Zwang zu einer subjektiven Lebensführung" (ebd., S. 233). Auch er geht davon aus, dass „seitens der Institutionen keine eindeutigen Anhaltspunkte hinsichtlich des Lebenslaufs mehr geboten werden" (Hardering 2011, S. 93) und sieht die Biographisierung nicht unbedingt als Gestaltungsfreiheit, sondern vielmehr als Gestaltungsanforderung. Für das Verhältnis von Lebenslaufmustern und Biographiemustern bedeutet dies in der Konsequenz, dass die Biographisierung „also die Suche nach Individualität, an die Stelle der erodierten Lebenslaufmuster" getreten ist und somit dem Individuum vermehrt die Verantwortung für sich selbst zugeschrieben und damit ein „Zwang zur Selbstthematisierung" (ebd., S. 94) auferlegt wird. So bewirkt der Prozess der De-Institutionalisierung ein Aufbrechen der im vorherigen Kapitel angesprochenen Synthese aus Lebenslaufmuster und Biographiemuster, die sich nicht mehr an einer gegebenen Kontinuität institutionalisierter Rahmungen und einer „Auffassung des Lebens als gerichtete Bewegung" (Rosa 2005, S. 265) orientieren kann und somit unweigerlich zu einer Auflösung vorgegebener Handlungsstrukturen führt und letztlich zur Erosion der Normalbiographie beiträgt. Denn wo nun die zukünftige „´Biographisierung der Lebensführung´ zur Verhaltensanforderung wird, scheint für ein eindeutiges Biographiemuster kein Raum mehr zu sein" (Hardering 2011, S. 94). Die Individualisierung „oder besser gesagt: die permanente Suche nach ihr" (Kohli 1988, S. 21) tritt an die Stelle der normalbiographischen Strukturierung des Lebenslaufs und führt in der Folge zu einer deutlichen Aufweichung der Normalbiographie auf breiter Ebene.

4 Bildung und Lernen im Lebenslauf

Moderne Bildungsprozesse sind mit der Veränderung der Erwerbsarbeit in heutiger Zeit nicht mehr unbedingt linear angelegt (vgl. Alheit/Dausien 2009, S. 576), sondern werden zunehmend „zeitlos", „sektoral" oder „zusammengeflickt" (Kade/Seitter 1996, S. 143ff) über die gesamte Lebensspanne verteilt. Insbesondere seit der Bildungsreform der 1960er Jahre ist bildungspolitisch eine Vielzahl an neuen Qualifikationswegen eröffnet worden, die vor allem formale Bildungsprozesse im Erwachsenenalter ermöglichen (vgl. Alheit/Dausien 2009, S. 576) und im zweiten Bildungsweg zu vergleichsweise höheren Abschlüssen führen. Dies hat in der Folge „nicht nur zu einer erhöhten Bildungsmobilität geführt, sondern auch neue Lebenslaufmuster erzeugt, in denen ´Arbeit´, ´Familie´ und ´Bildung´ sich u.U. mehrfach abwechseln und [...] miteinander kombiniert werden" (ebd., S. 576). Vor allem nachgeholte Bildungsabschlüsse, „Bildungsumwege" oder „Warteschleifen" (Kühnlein/Klein 2011, S. 184) treten in vermehrtem Maße auf und tragen nachhaltig dazu bei, die Kontinuität und Erwartbarkeit des zukünftigen Lebenslaufs infrage zu stellen. In Verbindung mit der gestiegenen Notwendigkeit dem technologischen Wandel in Form kürzerer Verwertbarkeitszeiten von Wissen mit einer kontinuierlichen persönlichen und beruflichen Weiterqualifizierung begegnen zu müssen (vgl. Kap. 2.1.1 und 2.1.2), bleiben „Bildung und Qualifikation [...] nicht mehr nur auf die ´Vorbereitung´ des Erwerbslebens beschränkt, sondern werden zu einem dauerhaften Begleitfaktor im Berufsverlauf" (Alheit/Dausien 2009, S. 577).

Beide Anzeichen der sich wandelnden Erwerbsarbeit, einerseits die vermehrte Nachholung formaler Bildungsabschlüsse auf dem zweiten Bildungsweg und andererseits die Unerlässlichkeit einer kontinuierlichen beruflichen Weiterqualifizierung dürfen jedoch nicht nur aus der strategischen Perspektive einer „ökonomisierten Gesellschaft" (Krönig 2007, S. 9ff) interpretiert, sondern müssen auch aus dem persönlichen, biographischen Blickwinkel des Subjekts betrachtet werden. Häufig steht bei der Initiation solcher Lernprozesse im späteren Lebensverlauf eben nicht ausschließlich die zukünftige Verwertbarkeit der zusätzlich erworbenen Qualifikation im Vordergrund, sondern vielmehr das generelle Bedürfnis nach einer „Kompensation biographisch erfahrener Bildungsdefizite bzw. nicht erfüllter Bildungswünsche" (Alheit/Dausien 2009, S. 578). Auch derartig biographisch motivierte Lernanlässe können einen wesentlichen Einfluss auf die Struktur des Lebensverlaufs besitzen, da vor allem biographisch orientierte Zeitmuster „einer individuellen Logik der Verknüpfung von Vergangenheit, Gegenwart und Zukunft, oft über große Zeiträume und institutionell getrennte Lebensbereiche hinweg [folgen]" (ebd., S. 578). So werden Lernprozesse reflexiv und implizit auch durch den aus einer individuell-biographischen Sinnperspektive resultierenden Drang nach Bildung *und* Persönlichkeitsentwicklung gesteuert, wodurch „immer wieder Phasen oder Situationen [entstehen], in denen das Bedürfnis nach Reflexion, Synchronisierung und Neuentwurf des ´eigenen Lebens´ ansteht" (Dausien 2001, S. 108). Diese Phasen sind in der Regel dafür verantwortlich, dass Lebensverläufe in heutiger Zeit häufiger neu überdacht, durch individuelle Entscheidungen unterbrochen oder in eine neue Richtung gelenkt werden. Während demnach Phänomene wie der Ausbau des zweiten Bildungswegs oder der Zwang zur lebenslangen Weiterbildung chronologische Ablaufmuster von Lebensverläufen im Sinne einer *Sequenzialität* des Lebenslaufs außer Kraft setzen, sind es damit vor allem auch die individuell-biographischen Entscheidungen, die eine *Kontinuität* desselben im Hinblick auf die materielle Absicherung der gesamten Lebensspanne unterwandern.

5 Fazit

Wie in dieser Arbeit gezeigt wurde, werden innerhalb des wissenschaftlichen Diskurses in erster Linie die Wandlungstendenzen der Erwerbsarbeit als Ursache beider Phänomene – das der De-Institutionalisierung des Lebenslaufs und das des lebenslangen Lernens – benannt, die zu Beginn der 1960er Jahre in den vorwiegend westlich orientierten Staaten einsetzten (vgl. z.B. Kohli 1985; Hof 2009, S. 33). Auch wenn davon auszugehen ist, dass die in dieser Zeit beginnende Bildungsreform und die Zunahme der Obligation *lebenslang* zu Lernen erst als politische Antwort auf veränderte Erwerbsbedingungen und damit als *zeitlich verzögerte* Reaktion angesehen werden muss, darf dies nicht im Umkehrschluss zu der Annahme führen, dass eine

Erosion der Normalbiographie bereits zuvor als *unmittelbare* Reaktion der Individuen auf die Veränderung der Arbeit eingesetzt hatte. Entsprechend konnte im Rahmen dieser Arbeit eine abschließende Antwort auf die metaphorische Frage nach „Huhn oder Ei" im Sinne einer gegenseitigen Bedingung nicht erbracht werden. Deutlich wurde allerdings, dass auch wenn der nachfolgende „Siegeszug lebenslangen Lernens" (Nittel/Schöll 2003, S. 3) nicht unbedingt als *auslösendes* Moment für die Erosion der Normalbiographie nachgewiesen werden konnte, bis heute eine Reihe von gegenseitigen Wechselwirkungen existieren, die zumindest den synergetischen Fortschritt beider Phänomene beschleunigten und eine gegenseitige Beeinflussung erkennen lassen.

Lebenslanges Lernen ist als Notwendigkeit und Chance von einem Generationenthema zur Norm einer 'lernenden Gesellschaft' geworden (vgl. Dausien 2001, S. 108), in der aus bildungspolitischer Perspektive vor allem die Veränderung der Arbeit, die neue Funktion des Wissens und eine zunehmende Individualisierung der Gesellschaft sinnbildlich für die Schaffung eines erweiterten „Möglichkeitsraumes" (Schulze 2005, S. 56) stehen, dessen Inanspruchnahme den Lebensverlauf weniger planbar bzw. sicher macht und eine vorhersehbare Kontinuität moderner Lebensläufe in Zweifel zieht. Verstärkend kommt aus einem biographischen Blickwinkel hinzu, dass ein erfahrungsorientiertes, lebensweltliches Lernen oder ein Lernen in Kontexten (vgl. Alheit/von Felden 2009, S. 11) stets individuellen Logiken folgt innerhalb derer sich Lernprozesse primär anhand herausgehobener Lerngelegenheiten orientieren, wodurch diese in Hinblick auf ihre zeitliche Abfolge und auch in Bezug auf ihre inhaltlichen Verknüpfungen verstärkt diskontinuierlich verlaufen (vgl. Schulze 1993, S. 206). Damit führt indirekt auch die zunehmende Ausdehnung der persönlichen und beruflichen Weiterqualifizierung über die Lebensspanne hinweg und die vermehrte Nutzung moderner Spielarten des lebenslangen Lernens, wie die Nachqualifizierung über den zweiten oder dritten Bildungsweg, zu einer Diskontinuität des normalbiographischen Lebenslaufs, durch die gleichzeitig auch die Sequenzialität desselben im Sinne des chronologischen Ablaufmusters „Ausbildung – Erwerbstätigkeit – Ruhephase" erheblich infrage gestellt wird. Längst muss die gesellschaftliche Herausbildung eines einzigen Ablauf- bzw. Entwicklungsschemas – eines idealtypischen Biographiemusters –, das Kohli unter Biographizität fasste (vgl. Kohli 1994, S. 221), als überholt erscheinen, da das der Normalbiographie zugrunde liegende Karrieremuster der „organizational career" (vgl. van Maanen 1977) nicht zuletzt aufgrund einer in heutiger Zeit zunehmenden Anzahl abweichender Erwerbsbiographien nur noch als „Ausnahmeerscheinung" (Bolder 2004, S. 23) gelten kann.

Sequenzialität, Kontinuität und Biographizität als die drei Grundprinzipien der Normalbiographie (Kohli 1988, S. 37) sind damit *auch* aufgrund einer gestiegenen Notwendigkeit lebenslang zu lernen nicht mehr generell gegeben, was in der Folge dazu führt, dass die Normalbiographie heute real ebenso wie normativ nicht mehr als aktuelles Muster der Lebenslauforganisation gelten kann (vgl. Schiek 2010, S. 65). Vielmehr gewinnen neue Karrieremuster wie die „protean career" (Hall 2004) oder die „boundaryless career" (Arthur/Rousseau 1996) zunehmend an Bedeutung, die einerseits eine generelle Unerlässlichkeit lebenslangen Lernens voraussetzen, andererseits jedoch die individuelle Gestaltungsverantwortung der eigenen Karriere und damit verbunden auch der Biographie weitestgehend dem einzelnen überlassen. In welcher Form sich hier die Einflussnahme lebenslangen Lernens auf eine grundsätzliche Veränderung biographischer Lebensverläufe zukünftig entwickeln wird bleibt abzuwarten und wird weiterer Forschung bedürfen.

Literaturverzeichnis

Alheit, Peter (2002 u. 2006): Die Modernisierung biographischer Handlungsumwelten und die Transformation gewachsener Wissensbestände: Theoretische Aspekte einer Pädagogenkarriere. In: Nittel, D./Marotzki, W. (Hrsg.): Berufslaufbahn und biographische Lernstrategien. Baltmannsweiler: Schneider-Verl. Hohengehren, S. 36-57.

Alheit, Peter (2006): „Biographizität" als Schlüsselkompetenz in der Moderne. Verfügbar unter: http://www.abl-uni-goettingen.de/aktuell/Alheit_Biographizitaet_Schluessel_Flensburg-2006.pdf [11.03.2013].

Alheit, Peter/Felden, Heide von (2009): Einführung: Was hat lebenslanges Lernen mit Biographieforschung zu tun? In: Alheit, P./Felden, H. v. (Hrsg.): Lebenslanges Lernen und erziehungswissenschaftliche Biographieforschung. Wiesbaden: VS Verl. für Sozialwissenschaften, S. 9-17.

Alheit, Peter/Dausien, Bettina (2009): Bildungsprozesse über die Lebensspanne und lebenslanges Lernen. In: Tippelt, R. (Hrsg.): Handbuch Bildungsforschung. Wiesbaden: VS Verl. für Sozialwissenschaften, S. 565-585.

Arthur, Michael B./Rousseau, Denise M. (1996): The Boundaryless Career. A New Employment Principle for a New Organizational Era. Oxford [u.a.]: Oxford University Press.

Backes-Gellner, Uschi (2009): Probleme und Chancen lebenslangen Lernens aus betriebswirtschaftlicher Perspektive. In: Staudinger, U. M./Heidemeier, H./Kocka, J. (Hrsg.): Altern in Deutschland. Band 2. Altern, Bildung und lebenslanges Lernen. Stuttgart: Wiss. Verl.-Ges., S. 65-73.

Baethge, Martin/Baethge-Kinsky, Volker; Holm, Ruth; Tullius, Knut (2003): Anforderungen und Probleme beruflicher und betrieblicher Weiterbildung. Expertise im Auftrag der Hans-Böckler-Stiftung. Arbeitspapier 76. Düsseldorf.

Beck, Ulrich (1986): Risikogesellschaft. Auf dem Weg in eine andere Moderne. Frankfurt/Main: Suhrkamp.

Beicht, Ulrich/Berger, Klaus/Moraal Dick (2005): Aufwendungen für berufliche Weiterbildung in Deutschland. In: Sozialer Fortschritt, Heft 10-11/2005, S. 256-266.

Biervert, Bernd/Held, Martin (1995): Zeit in der Ökonomik. Perspektiven für die Theoriebildung. Frankfurt/Main: Campus.

Biffl, Gudrun (2007): Einleitung. In: Biffl, G./Lassnig, L. (Hrsg.): Weiterbildung und lebensbegleitendes Lernen. Vergleichende Analysen und Strategievorschläge für Österreich. Materialien zu Wirtschaft und Gesellschaft Nr. 102. Wien, S. 6-7.

Bolder, Axel (2004): Abschied von der Normalbiographie - Rückkehr zur Normalität. In: Behringer, F. (Hrsg.): Diskontinuierliche Erwerbsbiographien:

Zur gesellschaftlichen Konstruktion und Bearbeitung eines normalen Phänomens. Baltmannsweiler: Schneider-Verl. Hohengehren, S. 15-26.

Brödel, Rainer (2011): Lebenslanges Lernen. In: Fuhr, T./Gonon, P./Hof, C. (Hrsg.): Erwachsenenbildung – Weiterbildung. Handbuch der Erziehungswissenschaft 4. Studienausg. Paderborn, München, Wien, Zürich: Schöningh, S. 235-247.

Brown, J. S./Collins, A. M./Duguid, P. (1989): Situated cognition and the culture of learning. In: Educational Researcher 18, H. 4, S. 32-42.

Büchel, Felix/Pannenberg, Markus (2003): Berufliche Weiterbildung in West- und Ostdeutschland – Teilnehmer, Struktur und individueller Ertrag. Gutachten im Auftrag der Expertenkommission „Finanzierung Lebenslangen Lernens". Berlin.

Bundesministerium für Bildung und Forschung BMBF (Hrsg.)(2006): Berichtssystem Weiterbildung IX – Integrierter Gesamtbericht zur Weiterbildungssituation in Deutschland. Bonn, Berlin. Verfügbar unter: http://www.bmbf.bund.de/pub/berichtssystem_weiterbildung_neun.pdf [28.10.2012].

Council of Europe (1970): Permanent Education. A Compendium of Studies commissioned by the Council of Cultural Co-operation. A contribution to the United Nations' International Educational Year. Strassburg: Council of Europe.

Dausien, Bettina (2001): Bildungsprozesse in Lebensläufen von Frauen. Ein biographietheoretisches Bildungskonzept. In: Gieseke, W. (Hrsg.): Handbuch zur Frauenbildung. Opladen: Leske + Budrich, S. 101-114.

Dehnbostel, Peter (2010): Betriebliche Bildungsarbeit. Kompetenzbasierte Aus- und Weiterbildung im Betrieb. Baltmannsweiler: Scheider Verlag Hohengehren [Studientexte Basiscurriculum Berufs- und Wirtschaftpädagogik].

Diewald, Martin (2010): Lebenslaufregime: Begriff, Funktion und Hypothesen zum Wandel. In: Bolder, A./Epping, R./Klein, R./Reutter, G./Seiverth, A. (Hrsg.): Neue Lebenslaufregimes – neue Konzepte der Bildung Erwachsener. Wiesbaden: VS Verl. für Sozialwissenschaften, S. 25-41.

Dobischat, Rolf/Seifert, Hartmut/Ahlene, Eva (Hrsg.) (2003): Integration von Arbeit und Lernen. Erfahrungen aus der Praxis des lebenslangen Lernens. Berlin: Edition Sigma.

Dohmen, Günther (1998): Zur Zukunft der Weiterbildung in Europa: Lebenslanges Lernen für alle in veränderten Lernumwelten. Bonn: bmb+f.

Dohmen, Günther (2001): Das informelle Lernen. Die internationale Erschließung einer bisher vernachlässigten Grundform menschlichen Lernens für das lebenslange Lernen aller. Bonn: Bundesministerium für Bildung und Forschung.

Ecarius, Jutta (1999): Biographieforschung und Lernen. In: Krüger, H.-H./Marotzki, W. (Hrsg.): Handbuch erziehungswissenschaftlicher Biographieforschung. Opladen: Leske + Budrich, S. 89-105.

Europäische Kommission (2001): Mitteilung der Europäischen Kommission: Einen europäischen Raum des Lebenslangen Lernens schaffen. Brüssel: EU.

Europäische Kommission/Generaldirektion XXII – Allgemeine und berufliche Bildung und Jugend/Generaldirektion V – Beschäftigung, Arbeitsbeziehungen und Soziale Angelegenheiten (1996): Lehren und Lernen. Auf dem Weg zur kognitiven Gesellschaft. Weißbuch zur allgemeinen und beruflichen Bildung. Luxemburg: Amt für Veröffentlichungen der europäischen Gemeinschaften.

Expertenkommission zur Finanzierung lebenslangen Lernens (2004): Schlussbericht – Der Weg in die Zukunft. Bielefeld: W. Bertelsmann.

Faulstich, Peter (2003): Weiterbildung und Arbeitszeit. Begründungen alternativer Zeitstrukturen für Lernchancen. In: Dobischat, R./Seifert, H./Ahlene, E. (Hrsg.): Integration von Arbeit und Lernen. Erfahrungen aus der Praxis lebenslangen Lernens. Berlin: Edition Sigma, S. 17-46.

Felden, Heide von (2008): Lerntheorie und Biographieforschung: Zur Verbindung von theoretischen Ansätzen des Lernens und Methoden empirischer Rekonstruktion von Lernprozessen über die Lebenszeit. In: Felden, H. v. (Hrsg.): Perspektiven erziehungswissenschaftlicher Biographieforschung. Wiesbaden: VS Verl. für Sozialwissenschaften, S. 109-128.

Field, John (2006): Lifelong Learning and the New Educational Order. Stoke on Trent: Trentham Books.

Fischer, Wolfram/Kohli, Martin (1987): Biographieforschung. In: Voges, W. (Hrsg.): Methoden der Biographie- und Lebenslaufforschung. Opladen: Leske + Budrich, S. 25-49.

Forum Bildung (2001): Lernen – ein Leben lang. Vorläufige Empfehlungen und Expertenbericht. Entwurf Juni 2001. Materialien, Nr. 9. Bonn. Verfügbar unter: http://www.pedocs.de/volltexte/2008/188/pdf/band09.pdf [23.10.2012].

Gerlach, Christiane (2000): Lebenslanges Lernen. Konzepte und Entwicklungen 1972 bis 1997. Köln [u.a.]: Böhlau.

Grunert, Cathleen (2012): Bildung und Kompetenz. Theoretische und empirische Perspektiven auf außerschulische Handlungsfelder. Wiesbaden: VS Verl. für Sozialwissenschaften.

Hahn, Alois (1987): Identität und Selbstthematisierung. In: Hahn, A./Kapp, V. (Hrsg): Selbstthematisierung und Selbstzeugnis: Bekenntnis und Geständnis. Frankfurt/Main: Suhrkamp, S. 9-24.

Hall, Douglas (2004): The protean career: A quarter-century journey. In: Journal of Vocational Behaviour (65), pp. 1-13.

Hall, Peter A. (1999): Social Capital in Britain. In: British Journal of Political Science, 29 (3), pp. 417-461.

Hardering, Friedericke (2011): Unsicherheiten in Arbeit und Biographie. Wiesbaden: VS Verl. für Sozialwissenschaften.

Harney, Klaus (2002): Betrieb. In: Krüger, H.-H./Helsper, W. (Hrsg.): Einführung in die Grundbegriffe und Grundfragen der Erziehungswissenschaft. 5. Auflage. Opladen: Budrich, S. 187-194.

Heid, Helmut/Harteis, Christian (2010): Wirtschaft und Betrieb. In: Tippelt, R./Schmidt, B. (Hrsg.): Handbuch Bildungsforschung. 3. Aufl. Wiesbaden. VS Verlag für Sozialwissenschaften, S. 467-481.

Herzberg, Heidrun (2004): Biographie und Lernhabitus. Eine Studie im Rostocker Werftarbeitermilieu. Frankfurt/Main: Campus Verlag.

Herzberg, Heidrun/Truschkat, Inga (2009): Lebenslanges Lernen und Kompetenz: Chancen und Risiken der Verknüpfung zweier Diskursstränge. In: Alheit, P./Felden, H. v. (Hrsg.): Lebenslanges Lernen und erziehungswissenschaftliche Biographieforschung. Wiesbaden: VS Verl. für Sozialwissenschaften, S. 111-126.

Hof, Christiane (2009): Lebenslanges Lernen: Eine Einführung: Bd. 4. Stuttgart: W. Kohlhammer.

Hohm, Hans-Jürgen (2000): Soziale Systeme, Kommunikation, Mensch. Eine Einführung in soziologische Systemtheorie. Weinheim und München: Juventa.

Kade, Jochen (1985): Diffuse Zielgerichtetheit. Rekonstruktion einer unabgeschlossenen Bildungsbiographie. In: Baake, D./Schulz, T. (Hrsg.): Pädagogische Biographieforschung. Weinheim: Beltz, S. 124-140.

Kade, Jochen/Seitter, Wolfgang (1996): Lebenslanges Lernen – Mögliche Bildungswelten. Erwachsenenbildung, Biographie und Alltag. Opladen: Leske + Budrich.

Kade, Jochen/Seitter, Wolfgang (1998): Bildung - Risiko - Genuß. Dimensionen und Ambivalenzen lebenslangen Lernens in der Moderne. Vortragsmanuskript. Virtuelle Konferenz: Lernen und Bildung in der Wissensgesellschaft, 11/1998 Verfügbar unter: htttp://wissensgesellschaft.org/themen/bildung/bildung-risiko.pdf [11.03.2013].

Kidd, James Robbins (1973): How Adults Learn. Completely Revised and Updated in keeping with the rapidly expanding changes, demands and standards of Adult Education. New York: Associated Press.

Kirchhof, Steffen (2007): Informelles Lernen und Kompetenzentwicklung für und in beruflichen Werdegängen. Münster: Waxmann.

Knoll, Joachim A. (1998): „Lebenslanges Lernen" und internationale Bildungspolitik – Zur Genese eines Begriffs und dessen nationale Operationalisierungen. In: Brödel, R. (Hrsg.): Lebenslanges Lernen – lebensbegleitende Bildung. Neuwied/Kriftel: Luchterhand, S. 35-50.

Knowles, Malcolm S./Holton, Elwood F./Swanson, Richard A. (2007): Lebenslanges Lernen. Andragogik und Erwachsenenlernen. 6. Aufl. Hg. v. Reinhold Jäger. München: Elsevier.

Kohli, Martin (1985): Die Institutionalisierung des Lebenslaufs. Historische Befunde und theoretische Argumente. In: Kölner Zeitschrift für Soziologie und Sozialpsychologie (37), S. 1-29.

Kohli, Martin (1988): Normalbiographie und Individualität: Zur institutionellen Dynamik des gegenwärtigen Lebenslaufregimes. In: Brose, H.-G./Hildenbrand, B. (Hrsg.): Vom Ende des Individuums zur Individualität ohne Ende. Opladen: Leske + Budrich, S. 33-53.

Kohli, Martin (1994): Institutionalisierung und Individualisierung der Erwerbsbiographie. In: Beck, U./Beck-Gernsheim, E. (Hrsg.): Riskante Freiheiten: Individualisierung in modernen Gesellschaften. Frankfurt/Main: Suhrkamp, S. 219-243.

Kommission der Europäischen Gemeinschaften (2000): Memorandum über Lebenslanges Lernen. Arbeitsdokument der Kommissionsdienststellen. Ratsdokument 12880/00; SEK 2000. Brüssel: EU

Kraus, Katrin (2001): Lebenslanges Lernen – Karriere einer Leitidee. Bielefeld: W. Bertelsmann.

Krenn, Manfred (2010): Gering qualifiziert in der Wissensgesellschaft - Lebenslanges Lernen als Chance oder Zumutung? FORBA Forschungsbericht 02/2010, Wien.

Krönig, Franz K. (2007): Die Ökonomisierung der Gesellschaft. Systemtheoretische Perspektiven. Bielefeld: transcript Verlag.

Kübler, Hans-Dieter (2009): Mythos Wissensgesellschaft. Gesellschaftlicher Wandel zwischen Information, Medien und Wissen. Wiesbaden: VS Verl. für Sozialwissenschaften.

Kühnlein, Gertrud/Klein, Birgit (2011): Kommunale Bildungslandschaften. In: Dahme, H.-J./Wohlfahrt, N. (Hrsg.): Handbuch Kommunale Sozialpolitik. Wiesbaden: VS Verl. für Sozialwissenschaften, S. 175-187.

Lempert, Wolfgang (2000): Lebenslanges Lernen im Beruf - seine Grundlegung im Kindes- und Jugendalter. Opladen: Leske u. Budrich.

Lenske, Werner/Werner, Dirk (2009): Umfang, Kosten und Trends der betrieblichen Weiterbildung – Ergebnisse der IW-Weiterbildungserhebung 2008. Verfügbar unter: http://www.iwkoeln.de/Portals/0/pdf/trends01_09_3.pdf [28.10.2012].

Ludwig, Joachim (2009): „Strukturen Lebenslangen Lernens" – eine Einführung. In: Hof, C./Ludwig, J./Zeuner, C. (Hrsg.): Strukturen Lebenslangen Lernens. Baltmannsweiler: Schneider Verlag, S. 1-3.

Maanen, John van (1977): Organizational Careers: Some New Perspektives. New York: Wiley International.

Meilhammer, Elisabeth (2009): Europäische Bildungspolitik und lebenslanges Lernen: Probleme der Steuerung und Legitimation. In: Hof, C./Ludwig, J./Zeuner, C. (Hrsg.): Strukturen Lebenslangen Lernens. Baltmannsweiler: Schneider Verlag, S. 27-38.

Müller, Ulrich (2010): Kann man Bildung managen? In: Schweizer, G./Müller, U./Adam, T. (Hrsg.): Wert und Werte im Management. Bielefeld: W. Bertelsmann, S. 13-26.

Nittel, Dieter/Schöll, Ingrid (2003): Die vielen Gesichter einer Beziehung: Über das Verhältnis von Schule und Erwachsenenbildung. In: Hessische Blätter für Volksbildung. Heft 1, S. 1-6.

Óhidy, Andrea (2011): Der erziehungswissenschaftliche Lifelong Learning-Diskurs. Rezeption der europäischen Reformdiskussion in Deutschland und Ungarn. Wiesbaden: VS Verlag für Sozialwissenschaften.

Ostermann-Vogt, Bettina (2011): Biographisches Lernen und Professionalitätsentwicklung. Lernprozesse von Lehrenden in Pflegeberufen. Wiesbaden: VS Verl. für Sozialwissenschaften.

Peters, Sönke/Brühl, Rolf (2005): Betriebswirtschaftslehre. Einführung. 12. Aufl. München [u.a.]: Oldenbourg.

Pongratz, Hans J. (2004): Die Verunsicherung biographischer Perspektiven. Erwerbsbiographien zwischen Normalitätserwartungen und Flexibilisierungsdruck. In: Behringer, F. (Hrsg.): Diskontinuierliche Erwerbsbiographien: Zur gesellschaftlichen Konstruktion und Bearbeitung eines normalen Phänomens. Baltmannsweiler: Schneider-Verl. Hohengehren, S. 27-45.

Rosa, Hartmut (2005): Beschleunigung. Die Veränderung der Temporalstrukturen in der Moderne. Frankfurt/Main: Suhrkamp.

Salman, Yvonne (2009): Bildungseffekte durch Lernen im Arbeitsprozess. Verzahnung von Lern- und Arbeitsprozessen zwischen ökonomischer Verwertbarkeit und individueller Entfaltung am Beispiel des IT-Weiterbildungssystems. Bielefeld: Bertelsmann.

Sauer, Dieter/Döhl, Volker/Kratzer, Nick/Marrs, Kira (2004): Arbeiten ohne (Zeit-) Maß? - Ein neues Verhältnis von Arbeitszeit- und Leistungspolitik. In: Bsirske, F./Mönig-Raane, M./Sterkel, G./Wiedemuth, J. (Hrsg.): Es ist Zeit - Das Logbuch für die ver.di-Arbeitszeitinitiative, VSA, Hamburg, S. 155-177.

Scherger, Simone (2007): Destandardisierung, Differenzierung, Individualisierung. Westdeutsche Lebensverläufe im Wandel. Wiesbaden: VS Verl. für Sozialwissenschaften.

Schiek, Daniela (2010): Aktivisten der Normalbiographie. Zur biographischen Dimension prekärer Arbeit. Wiesbaden: VS Verl. für Sozialwissenschaften.

Schiersmann, Christiane (2007): Berufliche Weiterbildung. 1. Aufl. Wiesbaden: VS Verlag für Sozialwissenschaften.

Schmalen, Helmut/Pechtl, Hans (2009): Grundlagen und Probleme der Betriebswirtschaft. 14. Aufl. Stuttgart: Schäffer-Poeschel.

Schmidt-Lauff, Sabine (2008): Zeit für Bildung im Erwachsenenalter – Interdisziplinäre und empirische Zugänge. Münster: Waxmann.

Schmidt-Lauff, Sabine (2010): Ökonomisierung von Lernzeit. In: Zeitschrift für Pädagogik, Jg 56, H. 3, S. 355-365.

Schulze, Gerhard (2005): Die Erlebnisgesellschaft. Kultursoziologie der Gegenwart. Frankfurt/Main: Campus Verlag.

Schulze, Theodor (1993): Lebenslauf und Lebensgeschichte. In: Baacke, D./Schulze, T. (Hrsg.): Aus Geschichten Lernen. Zur Einübung pädagogischen Verstehens. Weinheim und München: Juventa, S. 174-228.

Seifert, Hartmut (2003): Strukturen von Arbeits- und Lernzeiten sowie Ansätze von Lernzeitkonten. In: Dobischat, R./Seifert, H./Ahlene, E. (Hrsg.): Integration von Arbeit und Lernen. Erfahrungen aus der Praxis lebenslangen Lernens. Berlin: Edition Sigma, S. 47-82.

Siebert, Horst (2011): Lernen und Bildung Erwachsener. 1. Aufl. Bielefeld: W. Bertelsmann.

Straka, Gerald A. (1997): Selbstgesteuertes Lernen in der Arbeitswelt. In: Report. Literatur- und Forschungsreport Weiterbildung (39), S. 146-154.

Straßer, Peter (2008): Können erkennen – reflexives Lehren und Lernen in der beruflichen Benachteiligtenförderung. Bielefeld: W. Bertelsmann.

Supiot, Alain (2000): Wandel der Arbeit und Zukunft des Arbeitsrechts in Europa. In: Kocka, J./Offe, C. (Hrsg.): Geschichte und Zukunft der Arbeit. Frankfurt/Main: Campus Verlag, S. 293-307.

Terhart, Ewald (2008): Allgemeine Didaktik: Traditionen, Neuanfänge, Herausforderungen. In: Zeitschrift für Erziehungswissenschaft. Sonderheft 9/2008, 10. Jg., S. 13-34.

Timmermann, Dieter (1995): Organisation, Management, Planung. In: Krüger, H.-H./Helsper, W. (Hrsg.): Einführung in die Grundbegriffe und Grundfragen der Erziehungswissenschaft. 5. Auflage. Opladen: Budrich, S. 139-155.

Unger, Alexander (2009): Zur Hybridisierung der Lernkultur in der Wissensgesellschaft. Berlin: Lit Verlag.

Vollmar, Gabriele (2007): Knowledge Gardening. Wissensarbeit in intelligenten Organisationen. Bielefeld: Bertelsmann.

Winkel, Sandra/Petermann, Franz/Petermann, Ulrike (2006): Lernpsychologie. Paderborn: Schöningh.

Zimbardo, Philip G./Gerrig, Richard J./Graf, Ralf (2008): Psychologie. 18. Aufl. München [u.a.]: Pearson Studium.

Dipl.-Ing. Torsten K. Keppner
Epfenbergstraße 2-4
74937 Spechbach

Printed in Poland
by Amazon Fulfillment
Poland Sp. z o.o., Wrocław